HUMAN DESIGN

DEINE REISE ZURÜCK ZU DIR

KRISTINA KELLER

HUMAN DESIGN

DEINE REISE ZURÜCK ZU DIR

FÜR DICH

INHALT

EINFÜHRUNG

DAMALS …

Ich liege krumm wie ein Croissant im Bett und scrolle mal wieder sinnlos durch Instagram. Meine Augen brennen vor Müdigkeit und ich fühle mich ziemlich ausgelaugt, weil der Lehrerjob mich in den letzten Monaten all meine Kraft gekostet hat, aber ich schaffe es einfach nicht, mein Handy zur Seite zu legen. Story an Story zieht stumm an mir vorbei und ich sehe, wie mal wieder jemand nach Bali ausgewandert ist oder den x-ten Code in dieser Woche in die Kamera hält. Und dann auf einmal ist es da. Es sieht total befremdlich aus, wie die Grafik eines Menschen, nur doch irgendwie anders. Sehr abstrakt und abgefahren. Ich schalte die Story auf laut und höre Worte, die mir fremd und zugleich vertraut vorkommen: Human Design, Bodygraph, Chart, Energie.

Eine Mischung aus Faszination und Neugierde breitet sich in mir aus. Ich kann nicht anders und muss direkt googeln, was ich da gesehen habe. Egal, wie spät es gerade ist, ich muss unbedingt noch herausfinden, was es damit auf sich hat …

UND HEUTE …

Ich sitze im Café und schreibe am Manuskript meines ersten Buches! Ein echtes Buch und ich soll die Autorin werden! Allein dieser Gedanke fühlt sich einerseits sehr surreal und andererseits absolut natürlich an. Als wäre meine Seele schon längst dort, wo mein Verstand noch nicht angekommen ist.

In den vergangenen drei Jahren, die zwischen damals und heute liegen, hat mich nicht nur der Buchverlag gefunden. Ich habe auch den goldenen Beamtenkäfig verlassen und meine Lebenszeitverbeamtung an den Nagel gehängt, ein erfolgreiches Business aufgebaut, über 300 Human-Design-Coaches ausgebildet und noch so vieles mehr, wofür es ein weiteres Buch bräuchte. Und das alles nur, weil ich aufgehört habe, mich in eine imaginäre Box zu stecken, von der ich immer dachte, dass sie da wäre. Weil ich mir erlaubt habe, der Freude zu folgen und Dinge, Menschen und Situationen loszulassen, die nicht mehr im Einklang mit meiner Energie waren. Kurzum: weil ich den Mut hatte, mich mit Haut und Haaren auf das Human-Design-Experiment einzulassen.

Im Einklang mit meiner Energie sein

Human Design hat mein Leben so tiefgreifend und nachhaltig verändert wie kein anderes Tool zuvor, und ich möchte dir mit diesem Buch einen ganz praktischen Leitfaden an die Hand geben, wie es auch dein Leben verändern kann, wenn du den Mut hast, dich darauf einzulassen.

Das ist übrigens etwas, was ich dir hiermit gern ans Herz legen möchte: Betrachte alles, was du in diesem Buch liest, als eine Option, die du ausprobieren kannst, oder eben nicht. Stell dir vor, du fährst in den Urlaub und gehst in einem fremden Land abends im Hotel ans Buffet. Das Buffet ist riesengroß und lang und es liegen ganz viele Köstlichkeiten darauf. Bei einigen Dingen läuft dir bereits das Wasser im Mund zusammen, bei anderen weißt du jetzt schon, dass du sie nicht probieren möchtest. Wieder andere verunsichern dich ein wenig, weil du keine Vorstellung hast, wie sie schmecken könnten. Vielleicht gehörst du zu den experimentierfreudigen Menschen, die das eine oder andere davon trotzdem ausprobieren werden, um festzustellen, dass es superlecker ist oder dass es dir eben doch nicht schmeckt (no risk, no fun!).

Happy Welcome auf deiner Reise zurück zu dir!

Wie auch immer du dich entscheidest: Es gibt kein Richtig oder Falsch am Buffet, oder? Alles kann, nichts muss. Du darfst alles essen, kannst aber genauso alles liegen lassen. Das Schlimmste, was dir passieren kann, ist, dass du eine neue Erfahrung machst und hinterher mehr weißt als vorher.

Einer Sache bin ich mir allerdings ziemlich sicher: Die Offenheit für Neues ist ein Teil von dir. Egal, ob du dieses Buch aus reiner Neugier mitgenommen hast, ohne jemals etwas über das Human-Design-System gehört zu haben, oder ob du bereits ein Human-Design-Profi bist und niemals aufhörst, neue Perspektiven zu betrachten und damit auch Neues dazuzulernen. Egal, wo du in deinem Human-Design-Experiment stehen magst: Happy Welcome auf deiner Reise zurück zu dir!

Bevor wir uns auf den Weg machen, deinen Bodygraphen zu erkunden und in Typen, Strategien, Autoritäten oder Profile einzutauchen, müssen wir aber erst mal die Basics klären, damit wir uns auf der Route nicht plötzlich verirren und nicht mehr wissen, wo vorne und hinten ist.

Wenn du in den Urlaub startest, fährst du vermutlich auch nicht ohne gepackten Koffer zum Flughafen und schaust mal, was dort so passiert, sondern hast zumindest ein grobes Ziel im Kopf und in den meisten Fällen sogar deine Flüge gebucht und die Koffer gepackt.

DER STARTPUNKT DEINER REISE – DIE HUMAN DESIGN BASICS

Eine Synthese aus vier alten Weisheiten

Beim Human-Design-System handelt es sich um eine Synthese, also um eine Verschmelzung, aus vier alten Weisheiten, von denen du bestimmt schon etwas gehört hast: dem I Ging, der Astrologie, der Chakrenlehre und der Kabbalah. Hinzu kommen Erkenntnisse aus neueren Wissenschaften wie der Quantenphysik, der Epigenetik und der Biochemie.

Auf jedes einzelne dieser Systeme hier im Detail einzugehen, würde zu weit führen. Falls du dich für die vier Weisheiten interessierst, habe ich dir im Literaturverzeichnis ein paar Buchempfehlungen dazu zusammengestellt. Für deine Reise ist es wichtig, zu verstehen, dass diese vier Weisheiten im Human-Design-Chart miteinander zu etwas Neuem verschmolzen sind. Das führt wiederum dazu, dass das Human-Design-System eines der komplexesten Systeme der heutigen Zeit darstellt, um den Energiefluss des Menschen zu erklären, und das ist auch der Grund, warum wir in diesem Buch wirklich nur die allerwichtigsten Stationen anfahren werden und uns nicht auf Trampelpfaden verlieren wollen.

Herkunft des Human-Design-Systems

Falls du dich gerade fragst, wer diese Weisheiten zum System zusammengerührt hat, ist die Antwort, dass es im wahrsten Sinne des Wortes durch ein unglaubliches Ereignis in die Welt gekommen ist.

Die Entstehungsgeschichte soll sich wie folgt zugetragen haben: Es war einmal ein Kanadier namens Alan Krakower, der im Januar 1987 mit seinem Hund Urlaub auf Ibiza machte. Als er nach einem seiner zahlreichen Strandspaziergänge nach Hause kam, sah er in seinem Ferienhaus das Licht brennen, obwohl er es nicht angelassen hatte. Ab diesem Moment geschah etwas sehr Außergewöhnliches mit ihm: Eine Stimme übermittelte ihm mittels eines Channelings über acht Tage und acht Nächte das Human-Design-System. Beim Channeln steht man in Verbindung mit der geistigen Welt und erhält Botschaften in Form von Bildern, Gefühlen, akustischen Reizen und so weiter. Von da an nannte sich Alan Krakower Ra Uru Hu und begann, die Lehre des Human-Design-Systems in der Welt zu verbreiten. Falls du das alles gerade für unwissenschaftlichen Unfug hältst, bleib noch kurz hier. Vieles, was die Stimme Ra Uru Hu übermittelt hat, wurde wissenschaftlich zu einem späteren Zeitpunkt belegt. Die Existenz der Masse von Neutrinos beispielsweise, auf die ich gleich noch genauer eingehen werde. Oder die Verwandtschaft der 64 Hexagramme des I Ging mit unserem genetischen Code. All das ist noch mal ein Kaninchenbau für sich, den du gern über das Literaturverzeichnis weiter erforschen kannst, wenn du das möchtest. Für unsere weitere Reise bleibt es allerdings erst mal irrelevant, weil mir bei all der Theorie insbesondere die praktische Umsetzung und leichte Verständlichkeit sehr am Herzen liegen.

Ra Uru Ha verwendete übrigens oft eine polarisierende und »schockierende« Sprache, um die Menschen aufzuwecken. Dieser Sprachgebrauch findet auch nach wie vor Verwendung, aber in der heutigen Zeit bedienen sich immer mehr Human-Design-Lehrer und -Lehrerinnen und -Coaches einer wertschätzenden und empowernden Art und Weise. Zu dieser Kategorie zähle ich auch mich selbst und die Human-Design-Coaches, die ich ausbilde. Meiner persönlichen Meinung nach ist Sprache ein sehr mächtiges Tool, mit dem es achtsam umzugehen gilt. Man kann Menschen mit Worten tief verletzen oder ihnen Hoffnung schenken. Nicht umsonst findet sehr viel Manipulation beispielsweise in den Medien über die Sprache statt. Die Sprache selbst ist neutral, aber wie wir sie verwenden, kann im Leben eines Menschen einen sehr großen Unterschied machen.

Warum ist Human Design anders als jeder Persönlichkeitstest?

Vielleicht hast du bereits mehrere Persönlichkeitstests gemacht und herausgefunden, dass du ein bestimmter Farbtyp bist, dass du hochsensibel bist oder sogar eine Führungspersönlichkeit? Oft wird die Berechnung des Human-Design-Charts mit einem Persönlichkeitstest verglichen.

Wir Menschen lieben solche Tests und noch mehr lieben wir es, wenn wir plötzlich verstanden und gesehen werden. Das einzige – und damit aus meiner Sicht größte – Problem solcher Tests ist, dass sie stark von deiner persönlichen Tagesform und Lebenssituation abhängen. Es kann gut sein, dass du in einem Test heute ein anderes Ergebnis bekommst als morgen oder in drei Jahren.

So ist es bei Human Design nicht. Auch wenn das Human-Design-System ein Tool zur Einschätzung der eigenen Persönlichkeit darstellt, unterscheidet es sich in einem Punkt sehr: Dein Human-Design-Chart bleibt immer gleich.

Ähnlich einem Geburtshoroskop, wie du es vielleicht aus der Astrologie kennst, bildet das Human-Design-Chart deinen Geburtsmoment ab, also den Moment, in dem dein Körper den deiner biologischen Mutter vollständig verlassen hat. Dieser kosmische Moment entscheidet darüber, welche energetische Prägung du erhältst und welche Potenziale in dir angelegt werden. Stell dir vor, dass in diesem einen Moment alle Planeten und Sterne in unserem Sonnensystem in einer bestimmten Konstellation zueinander standen und einen ganz speziellen Energiestrom in deine Richtung ausgesendet haben, den wir in deinem Human-Design-Chart ablesen können. Diesen Energiestrom gibt es übrigens tatsächlich und er entsteht durch die Neutrinos, die die kleinsten Teilchen in unserem Universum bilden, die bisher entdeckt wurden. Diese Teilchen durchdringen alles, also auch dich, mich und den Nachbarshund, und sind so miniklein, dass sich Forscher nach wie vor sehr schwer damit tun, sie in ihrer Tiefe zu ergründen.

Der Kuss vom Universum

Nun aber zurück zum kosmischen Moment deiner Geburt, der deine Einzigartigkeit bis in die tiefste Ebene geprägt hat. Dieser Moment ist vergleichbar mit einem Ganzkörperbad von Kopf bis Fuß. Statt im Badewasser zu schwimmen, wird dein ganzer Körper und dein ganzes Sein von einem Ozean an Neutrinos durchtränkt, und du wirst von den Energien, die gerade um dich herum herrschen, bis in die tiefste Ebene geprägt.

Ich stelle mir diesen Moment gern wie einen Kuss vom Universum vor. Er legt für dein komplettes Leben fest, wie deine Grundenergie sein wird. Er bestimmt darüber, wie du am besten Entscheidungen treffen solltest und welche Rolle du in diesem Leben einnehmen wirst. Er nimmt großen Einfluss darauf, welche Talente und Gaben in dir angelegt werden und welche Dinge dir in diesem Leben leichtfallen und welche sehr herausfordernd sein werden.

Natürlich kommt zu all dem im Laufe deines Lebens der Einfluss anderer Menschen hinzu. Wie sich bestimmte Talente oder Herausforderungen zeigen, liegt zu einem großen Teil auch daran, in welchem Umfeld du aufwächst. Nichtsdestotrotz wird deine Grundenergie in diesem Moment für immer festgelegt – ganz unabhängig davon, welchen Einflüssen du im Laufe deines Lebens ausgesetzt sein wirst. Stell dir eine

Art Kern vor, der unvergänglich ist und immer dableibt, egal, wie viele Schichten über ihn gelegt werden.

Das Human-Design-Chart legt diese energetische Prägung offen und hilft dir so, ein Bewusstsein und damit im besten Fall Verständnis für dich selbst und deine Umwelt zu schaffen. Zeitgleich lassen sich mithilfe des Systems individuelle Potenziale und Stärken, aber auch Herausforderungen erkennen, mit denen wir in diesem Leben beschenkt und konfrontiert sind.

Wenn du dich gerade fragst, was denn gut daran sein soll, mit herausfordernden Themen konfrontiert zu werden, kann ich dir nur sagen, dass unser Licht oft erst durch das Aufdecken dieser Schatten so richtig strahlen kann. Die meisten Dinge verlieren nämlich erst dann ihren Schrecken, wenn wir Licht drauf scheinen lassen. Lass dir auch gesagt sein, dass jeder Mensch mit Herausforderungen durchs Leben geht, egal, wie es manchmal nach außen aussehen mag. Wenn wir mutig genug sind, uns auch unsere Schatten anzuschauen, haben wir die Möglichkeit, diese Ketten zu sprengen und unser Potenzial in seiner vollen Größe zu entfalten.

Konditionierungen und warum keiner vor ihnen sicher ist

Konditionierungen sind ganz einfach ausgedrückt Einflüsse und Prägungen, die wir (meist in der Kindheit) erfahren haben und die bis heute (meist unbewusst) darüber bestimmen, welche Verhaltensweisen wir zeigen. Vielleicht hast du schon mal von den Pawlow'schen Hunden gehört? Ein russischer Professor namens Iwan Petrowitsch Pawlow hat bereits 1905 den Begriff der klassischen Konditionierung durch ein sehr bekanntes Experiment mit Hunden geprägt. Er hat verschiedenen Hunden Futter verabreicht und den erhöhten Speichelfluss gemessen. Dann hat er das Verabreichen des Futters an ein vorheriges Glockenklingeln geknüpft und jedes Mal die Glocke betätigt, bevor die Hunde ihr Futter bekommen haben. Nach einiger Zeit waren die Hunde so konditioniert auf das Glockenklingeln, dass sie bereits erhöhten Speichelfluss hatten, wenn sie nur die Glocke hörten, aber gar kein Futter in der Nähe war.

Was haben jetzt die Pawlow'schen Hunde mit unseren Konditionierungen zu tun? Nehmen wir an, deine Mutter konnte in deiner Kindheit nicht gut mit deinen Emotionen umgehen und du wurdest auf irgendeine Art und Weise dafür abgelehnt, Emotionen zu zeigen, sei es, dass man dich verbal zurechtgewiesen, ignoriert oder dir deine Emotionen ausgeredet hat (»Alles nicht so schlimm!«). Du hast also gelernt, dass auf das Zeigen von Emotionen eine negative Reaktion deiner wichtigsten Bezugsperson folgt, und wurdest dahingehend konditioniert, keine oder nur ganz wenige Emotionen zu zeigen.

Diese Konditionierung zeigt sich dann nicht nur in der Beziehung zu deiner Mutter, sondern in fast jeder Situation, in der es darum geht, Emotionen zu zeigen. Selbst wenn gar kein Grund zur Sorge besteht, dass dich jemand für deine Gefühle ablehnen könnte, sitzt diese Konditionierung in deinem Unterbewusstsein fest. Es kann sein, dass du richtiggehend Angst bekommst, dich anderen Menschen gegenüber emotional zu öffnen, weil in dir das Programm abläuft: »Ich darf keine Emotionen zeigen, weil ich ansonsten abgelehnt werde.«

Dann kann es sein, dass dich deine Konditionierung daran hindert, bestimmte Dinge in deinem Leben anzugehen, zum Beispiel dich Menschen gegenüber zu öffnen und wirklich tiefe, intime Beziehungen aufzubauen.

Es gibt aber auch positive Konditionierungen. Hat deine Mutter dich beispielsweise stets bestärkt, wenn du deine Gefühle ausgedrückt hast, sie anerkannt und gespiegelt, erlaubt dir das wahrscheinlich auch heute noch, deine Emotionen anderen gegenüber zu zeigen. Das Ausdrücken von Gefühlen ist dann mit etwas Positivem verknüpft. So konntest du Sicherheit in emotionalen Situationen entwickeln und wirst wahrscheinlich auch im Erwachsenenalter keine Angst davor haben, tiefere Verbindungen mit anderen Menschen einzugehen. Auch ist die Wahrscheinlichkeit höher, dass du mit den Emotionen anderer angemessen umgehen kannst, sie anerkennst und niemanden dafür ablehnst. Selbstverständlich entstehen Konditionierungen nicht nur durch unsere Eltern, sondern auch durch das gesamte Umfeld, in dem wir groß werden. Die Prägungen und Einflüsse aus dem Kindergarten, der Schule, durch Freundschaften und andere uns nahestehende Bezugspersonen fließen genauso mit rein.

Wie du siehst, sind Konditionierungen ein hochkomplexes Thema und allein damit wurden schon zahlreiche Bücher gefüllt. Falls du näher in die Thematik einsteigen willst, empfehle ich dir beispielsweise Stefanie Stahls Buch *Das Kind in dir muss Heimat finden*.

Was uns hier vor allem interessiert, sind Konditionierungen aus der Human-Design-Perspektive. Hier handelt es sich auch um eine Beeinflussung und Prägung von außerhalb, allerdings nicht nur durch das Verhalten anderer Menschen, sondern durch ihre Energien. Genauso wie dein heutiges Verhalten vom Verhalten anderer geprägt wurde, beeinflusst die Energie anderer deine Energie. Wir halten also einmal fest: Verhalten konditioniert Verhalten und Energie konditioniert Energie. Aber es funktioniert auch kreuzweise. Verhalten kann auch Energie konditionieren und Energie kann Verhalten konditionieren.

Und nicht nur das: Auch die Energie von Tieren und sogar Pflanzen hat Bedeutung, gar nicht zu sprechen von den aktuellen Planetenständen, auch Transite genannt. Wir nehmen diese Fremdenergien auf und wenn das über einen längeren Zeitraum geschieht, kann es dazu kommen, dass wir uns mit ihnen identifizieren. Genau wie bei der klassischen Konditionierung nehmen wir dann ein Glaubensmuster auf, das nicht unseres ist, das uns aber trotzdem täglich in unserem Verhalten beeinflusst und im schlechtesten Fall behindert.

Konditionierungen prägen unser Verhalten

Klingt ein bisschen crazy, ich weiß! Aber wenn du noch mal an den Neutrinostrom aus dem Universum denkst und dich kurz an den Physikunterricht erinnerst, erscheint es gar nicht mehr so abwegig: Teilchen können sich gegenseitig beeinflussen. Selbst wenn du also allein in den

Wald ziehen würdest, um den Konditionierungen anderer Menschen zu entfliehen, würden immer noch die Energien der Tiere, Pflanzen und natürlich der Transite einen Einfluss auf dich haben.

Und die Moral von der Geschicht'? Auch du entkommst der Konditionierung nicht!

Spaß beiseite! Es geht im Human Design überhaupt nicht darum, Konditionierungen zu vermeiden – dies ist schier unmöglich, da sie eben überall sind. Es geht vielmehr darum, einen bewussten Umgang mit ihnen zu finden und sich ins Bewusstsein zu rufen, welche Konditionierungen überhaupt in einem wirken.

Die stärkste Konditionierung erfahren wir Menschen übrigens im Alter von null bis sieben Jahren. Das gilt für die Verhaltenskonditionierung genauso wie für die energetische. Alles, was wir in dieser Zeit erleben, beeinflusst unser zukünftiges Verhalten. Grund dafür ist die Frequenz unserer Gehirnwellen, die sich im Laufe unseres Lebens ändert. Als Kind haben sie eine niedrigere Frequenz, was zu einer Art Trancezustand führt, durch den sich alles Erlebte und Gesagte ungefiltert in unser Unterbewusstsein prägen kann. Dagegen können wir nichts tun. Die gute Nachricht ist allerdings: Wir können an unseren Verhaltensmustern arbeiten, wenn sie uns bewusst werden, und wir können unsere energetischen Konditionierungen auflösen, wenn wir beginnen, nach unserem Design zu leben. Da dieser Prozess auf zellulärer Ebene stattfindet, braucht er allerdings ganze sieben Jahre, bis er abgeschlossen ist. So lange brauchen die meisten Zellen unseres Körpers für ihre vollständige Transformation. In diesen sieben Jahren kommen allerdings auch wieder neue Konditionierungen hinzu, sodass wir uns alle von dem Gedanken ver-

Auch du entkommst der Konditionierung nicht!

abschieden dürfen, dass dieser Prozess jemals abgeschlossen ist. Je tiefer du in deiner Dekonditionierung steckst, desto bewusster gehst du durchs Leben und erkennst, was wirklich deiner wahren Energie entspricht und was nicht.

Du siehst, Human Design ist wahnsinnig komplex. Und auch wenn einige Aspekte des Systems mittlerweile auf wissenschaftlichen Grundlagen basieren, muss man offen dafür sein, sich auf seine unerklärlichen Bestandteile einzulassen. Das hat dazu geführt, dass Human Design oft missverstanden wird. Bevor wir uns endgültig dem Praxisteil widmen, daher ein kurzes Wort zur immer wieder gehörten Frage, ob Human Design gefährlich ist.

Ist Human Design eine Sekte?

Mein Steuerberater sagte mal zu mir: »Wenn ich Human Design bei Google eingebe, bekomme ich alle möglichen Ergebnisse: Die Spanne reicht von ›Sekte‹ bis zu ›psychologischer Beratung‹. Als jemand, der keine Ahnung von der Materie hat, sollte ich mir am besten einen Profi suchen, der mir das vernünftig erklärt – so ist das mit dem Thema Steuern auch.«

Wir leben in einer Zeit der unbegrenzten Informationsmöglichkeiten und alles, was wir wissen oder lernen wollen, ist nur einen Mausklick entfernt. Sosehr ich der festen Überzeugung bin, dass wir damit unseren Horizont stetig *for free* erweitern können, so achtsam sollte man aus meiner Sicht mit allen Informationen aus dem Internet umgehen.

In der Anonymität des World Wide Webs ist es quasi jedem möglich, Informationen ungefiltert zu verbreiten, egal, ob sie auf Tatsachen oder einer persönlichen Meinung basieren. Aus diesem Grund möchte ich dich gern dafür sensibilisieren, Dinge zu hinterfragen und nachzuhaken und nicht alles zu glauben, was du hörst oder liest. Hinterfrage auch gern die Informationen in diesem Buch und mach gern deine eigenen Recherchen, damit du dir am Ende eine echte Meinung bilden kannst.

Um aber zu der Frage zurückzukommen, ob es sich beim Human-Design-System um eine Sekte handelt, kann ich dich beruhigen und hier ein ganz klares »Nein!« aussprechen. Das Human-Design-System ist weder eine Sekte noch eine religiöse Vereinigung oder Ähnliches. Ganz im Gegenteil: Human Design ist mit jeder Religion und Politik kompatibel, die das Individuum respektiert.

Die Bundeszentrale für politische Bildung bezeichnet eine Sekte als »eine Glaubensgemeinschaft, die sich von einer größeren Gemeinschaft abgespalten hat«.[1] Allein an dieser Definition kannst du vielleicht bereits erkennen, dass es sich beim Human-Design-System um keine Sekte handeln kann – schließlich gab und gibt es keine organisierte Glaubensgemeinschaft.

Ähnlich wie die Astrologie ist Human Design erst einmal nur ein System, das dir deine kosmische Einzigartigkeit anhand deiner Geburtsdaten aufzeigen kann. Wie bei jedem System gibt es aber natürlich auch hier Menschen, die das Wissen dogmatisch und limitierend ausleben. Nicht selten hatte ich Klientinnen, die mir von Human Design Readings berichtet haben, in denen ihnen zum Beispiel mitgeteilt wurde,

---

1 *www.bpb.de/kurz-knapp/lexika/das-junge-politik-lexikon/321116/sekte/ Stand: 22.11.2022.*

dass sie einfach keine Energie hätten oder nicht für die Selbstständigkeit oder das Mutterdasein oder whatever geeignet wären. Von solchen Auslegungen und Aussagen möchte ich mich an dieser Stelle ganz klar distanzieren und ich finde es unglaublich anmaßend, wenn vermeintliche Coaches so mit ihren Klienten und Klientinnen kommunizieren. Es ist mir eines der größten Anliegen, dass dieses System *nicht* limitierend verwendet wird und wir damit keine neuen Schubladen aufmachen, um Menschen zu kategorisieren oder ihnen einen Stempel zu verpassen.

Human Design ist ein Tool und wie du dieses Tool verwendest, liegt ganz allein bei dir. Ein Korkenzieher, der dazu verwendet wurde, jemanden zu verletzen, kann schließlich auch nichts dafür, dass er zweckentfremdet wurde. In der gleichen Art ist auch nicht das Human-Design-System dafür verantwortlich, dass es Menschen gibt, die es auf destruktive Art und Weise ausleben und weitergeben.

Human Design darf nicht limitierend verwendet werden.

Ich möchte dich an dieser Stelle dazu ermutigen, dieses System als etwas zu sehen, das das Potenzial hat, dein Leben zum Positiven zu verändern. Du allein entscheidest, was davon mit dir in Resonanz gehen darf und was nicht. Wenn du also so weit bist, lass uns jetzt gern unsere Koffer packen und deine Human-Design-Reise beginnen!

DAS BIRTH CHART

DEIN CHART ERMITTELN

Das Birth Chart – auch Human-Design-Chart oder Bodygraph genannt – ist die Grundlage aller deiner Erkenntnisse. Es ist für jeden Menschen unterschiedlich. Inzwischen gibt es im Internet jede Menge Chartrechner, um dein Human-Design-Chart zu berechnen, und die meisten davon sind zum Glück kostenfrei. Auf meiner eigenen Website habe ich ebenfalls einen Chartrechner eingebunden. Du kommst direkt über den QR-Code hin:

Für die Berechnung deines Charts brauchst du insgesamt drei Daten:

1. deinen Geburtstag,
2. deinen Geburtsort,
3. deine genaue Geburtsuhrzeit.

Bereits bei diesem Schritt können die ersten Stolpersteine auftreten. Vielleicht ist der Ort, in dem du geboren wurdest, so klein, dass der Chartrechner ihn nicht findet. Dann kannst du einfach die nächstgrößere Stadt eingeben, vorausgesetzt, diese befindet sich noch in der gleichen Zeitzone, was fast immer der Fall ist.

Wenn du keine genaue Geburtsuhrzeit zur Hand hast, verhält sich das Ganze schon etwas komplizierter. Da die genaue Uhrzeit wichtig ist, solltest du zunächst einmal versuchen, sie zu erfahren. Die erste und offensichtlichste Möglichkeit ist, deine Eltern, insbesondere natürlich die Mutter, zu fragen. Wenn sie es nicht mehr wissen oder du sie nicht fragen kannst, kannst du in deinem Geburtskrankenhaus oder beim Standesamt deines Geburtsortes anrufen und die Uhrzeit dort erfragen. Das kann manchmal Gebühren kosten, aber aus meiner Sicht lohnt sich das trotzdem sehr. Ist auch das nicht möglich, hast du noch die Option, einen qualifizierten Astrologen oder eine qualifizierte Astrologin zu beauftragen, anhand unterschiedlicher Lebensereignisse eine Geburtszeitkorrektur durchzuführen.

Wenn du lieber kein Geld ausgeben möchtest, kannst du zunächst einmal unterschiedliche Uhrzeiten in den Chartrechner eingeben und testen, ob sich über den Tag verteilt insbesondere der Typ, die Strategie und die innere Autorität verändern. Wenn diese Faktoren gleich bleiben, hast du eine gute Basis, um dein Chart richtig deuten zu können, und kannst erst mal einfach eine beliebige Uhrzeit wählen. Wenn sich diese drei Faktoren verändern, rate ich dringend davon ab, so ungenau zu arbeiten. An dieser Stelle würde ich dir sehr ans Herz legen, deine genaue Uhrzeit ermittelt zu bekommen.

ERSTE SCHRITTE

Jetzt hast du dein Human-Design-Chart vor dir liegen und fragst dich bestimmt, was das alles zu bedeuten hat, oder? Zumindest ging es mir so und wie sehr hätte ich mir damals gewünscht, ein Buch wie dieses zu Hilfe nehmen zu können. Lass mich dir also in aller nötigen Kürze erst einmal ein paar Grundlagen an die Hand geben, damit du verstehst, was du da überhaupt siehst. Ich weiß noch zu gut, wie verwirrend und überwältigend das Ganze sein kann.

Die zwei Seiten

Zur Berechnung des Human-Design-Charts werden alle exakten Planetenstände und die Schnittpunkte der Mondbahn zu zwei Zeitpunkten herangezogen: dem deiner Geburt und dem 88 bis 89 Tage vor deiner Geburt.

SONNE →	☉	29.5▲
ERDE →	⊕	30.5
NÖRDLICHER MONDKNOTEN →	☊	24.5
SÜDLICHER MONDKNOTEN →	☋	44.5
MOND →	☾	44.1
MERKUR →	☿	33.6▼
VENUS →	♀	62.2
MARS →	♂	7.5
JUPITER →	♃	19.3
SATURN →	♄	43.4
URANUS →	♅	5.3
NEPTUN →	♆	10.3▲
PLUTO →	♇	28.1
CHIRON →	⚷	35.3

Diese Planeten und Mondknoten verbergen sich hinter den Symbolen im Chart.

Der Zeitpunkt 88 bis 89 Tage vor deiner Geburt markiert im Human-Design-System den Zeitpunkt, an dem die körperliche Entwicklung final ausgebildet ist. Heute weiß man, dass Frühchen, die ab diesem Zeitpunkt, also circa ab der 28. Schwangerschaftswoche, auf die Welt kommen, extrem gute Überlebenschancen und meist keine Folgeschäden haben, weil die kritischen Komponenten der körperlichen Entwicklung dann abgeschlossen sind. Dieser Zeitpunkt wird auf der linken Seite abgebildet und in den meisten Chartrechnern rot markiert (in meinem Charttool gold). Es handelt sich um die »Körperseite« (oft auch »Designseite« genannt) oder unbewusste Seite des Bodygraphs. Sie zeigt uns körperliche und unbewusste Potenziale auf, die unserem Verstand oft schwer zugänglich sind. Das Interessante daran ist, dass andere Menschen diese unbewussten Potenziale oft viel stärker in uns sehen als wir selbst. Vielleicht wird dir immer wieder gesagt, dass du eine bestimmte Ausstrahlung auf Menschen hast, sei es charismatisch, fröhlich oder unnahbar, kannst dich aber in diesen Aussagen nur schwer wiederfinden. Die Antwort für diesen Unterschied zwischen Eigen- und Fremdwahrnehmung könnte in der unbewussten Seite deines Human-Design-Charts verborgen liegen. Der Zeitpunkt deiner Geburt wird auf der anderen, schwarzen Seite abgebildet. Sie wird auch als bewusste Seite oder Persönlichkeitsseite bezeichnet. Die Potenziale, die zu diesem Zeitpunkt aktiviert wurden, sind unserem Verstand leichter zugänglich und wir finden uns in dem, was diese Seite aufzeigt, öfter wieder.

Wichtig zu verstehen ist, dass die beiden Seiten nicht in Konkurrenz zueinander stehen, sondern ganz im Gegenteil zusammengehören. Unser Chart ergibt sich aus beiden Seiten und das Ziel ist es, beide Seiten im Einklang zu leben.

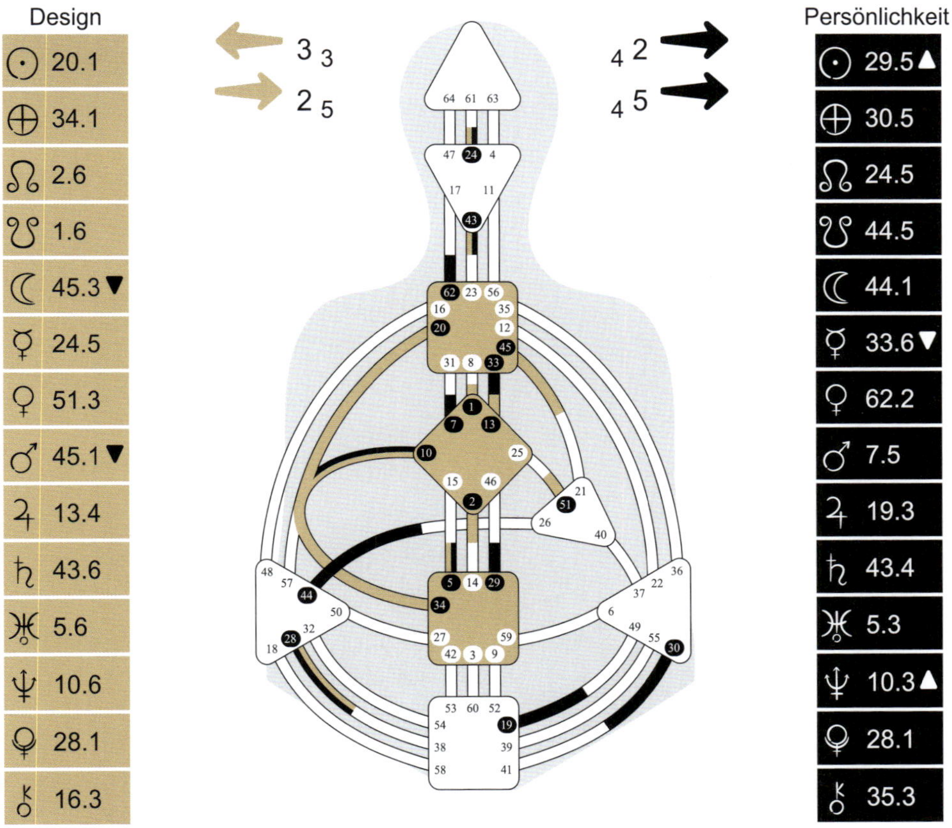

Die linke Seite zeigt den Zeitpunkt 88 bis 89 Tage vor der Geburt, die rechte Seite den Zeitpunkt der Geburt

Die Tore und Kanäle

Die Zahlen neben den Planeten zeigen die sogenannten Tore, in denen die Planeten zum Zeitpunkt deiner Geburt beziehungsweise 88 bis 89 Tage davor standen. Die Tore findest du als Zahlen auch im ganzen Chart verteilt. Wenn ein Planet zu einem der beiden Zeitpunkte in einem Tor stand, so ist dieses in deinem Chart aktiviert. Das erkennst du daran, dass es schwarz oder beige eingefärbt ist.

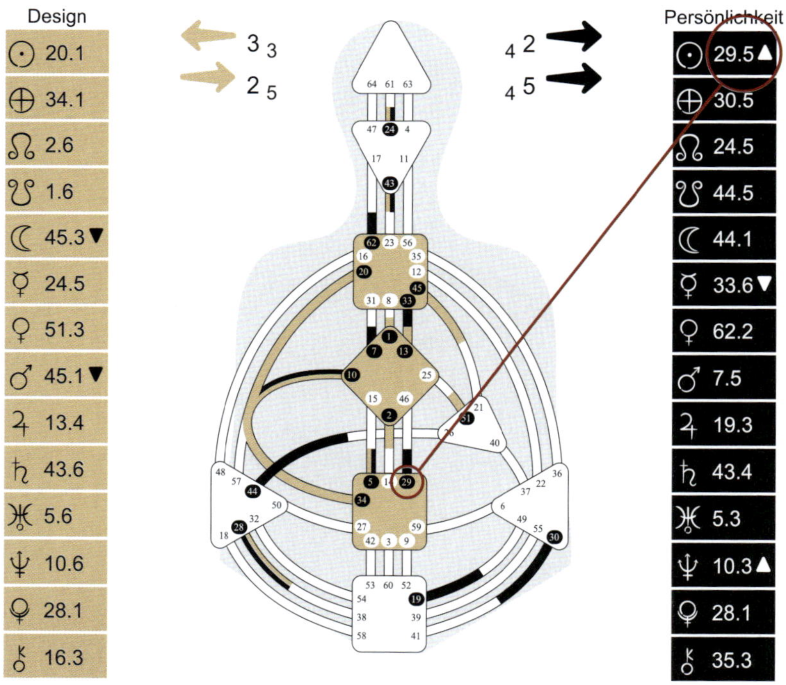

Hier stand die Sonne zum Zeitpunkt der Geburt im Tor 29 und bei dir wird das mit großer Wahrscheinlichkeit ein anderes Tor gewesen sein.

Von diesen Toren gibt es insgesamt 64 an der Zahl und sie haben ihre Entsprechung in den 64 Hexagrammen des I Ging. Sie sind für Human-Design-Einsteiger erst einmal nur dahingehend wichtig, als dass sie Kanäle bilden können, die entstehen, wenn zwei gegenüberliegende Tore aktiviert sind und sich treffen. Halbe Kanäle gibt es übrigens nicht, auch wenn ein aktiviertes Tor im Chart so aussieht. Falls du mehr über die Bedeutung der einzelnen Tore herausfinden möchtest, habe ich dir einige Bücher im Anhang aufgelistet.

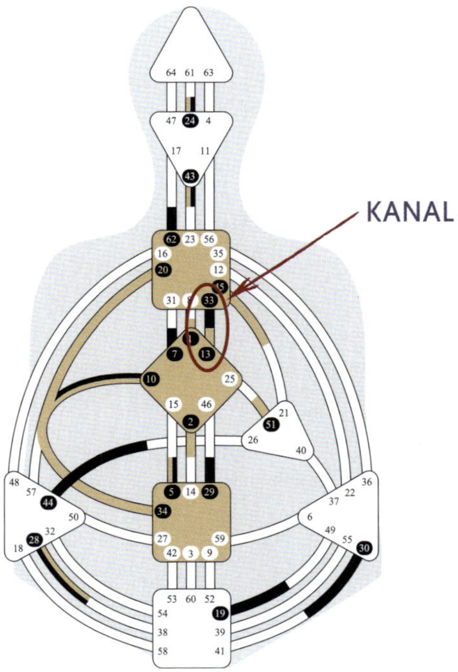

Hier verbinden sich Tor 13 und Tor 33 zu einem Kanal.

ZENTREN

Es gibt neun Zentren im Human-Design-Chart. Sie stehen für energetische Knotenpunkte, die Energien aufnehmen und abgeben, und haben jeweils eine Verbindung zu bestimmten energetischen Themen und entsprechenden Organen, auf die ich noch gleich im Einzelnen ausführlich eingehen werde.

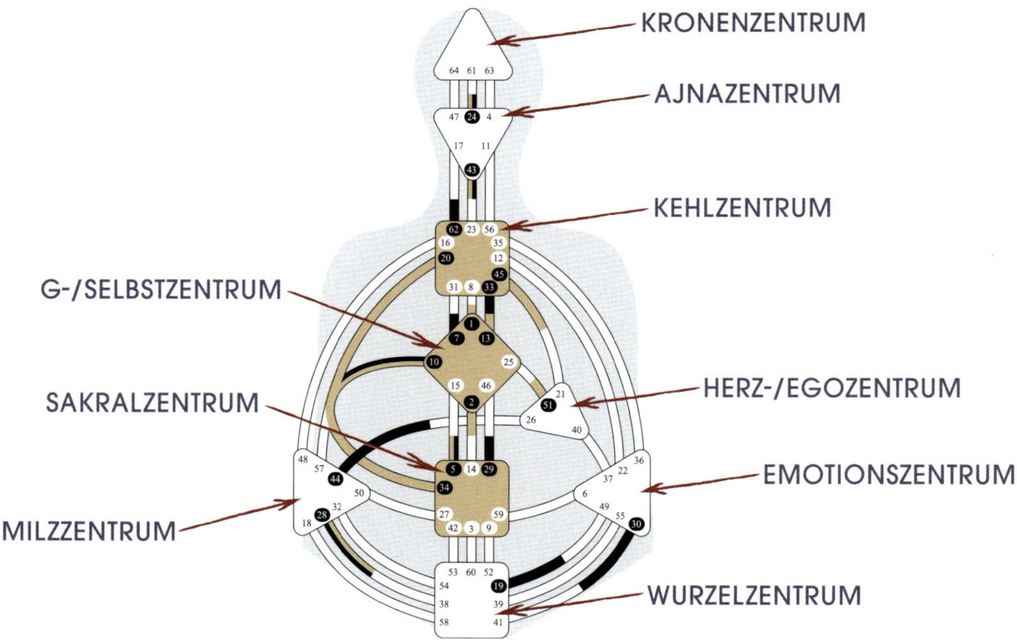

Beschreibung der einzelnen Zentren.

Definierte und undefinierte oder offene Zentren

Die Zentren, zwischen denen ein Kanal verläuft, werden von diesem Kanal aktiviert. Stell dir das gern wie eine durchgängige Stromleitung vor, die an beiden Enden für einen stetigen Energiefluss sorgt. Die Zentren, die durch den Kanal angeknipst werden, werden als definierte Zentren bezeichnet. Das ist daran erkennbar, dass sie eingefärbt sind (in der vorliegenden Grafik beige).

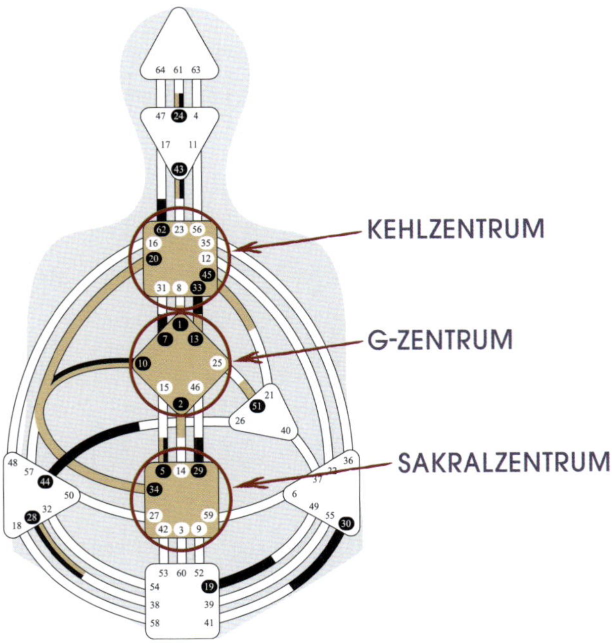

Hier ist das Kehl-, das G- und das Sakralzentrum definiert.

Die Energie in den definierten Zentren ist eine, die wir von Haus aus mitbringen. Sie ist sehr stetig und verlässlich – wir sind in diesen Qualitäten festgelegt.

So wie es bei der Kommunikation einen Sender und Empfänger gibt, funktioniert auch das Wechselspiel zwischen definierten und undefinierten Zentren. Die definierten Zentren sind Sender der darin enthaltenen Energien. Wir strahlen die Energie unserer definierten Zentren also nach außen und unser Umfeld kann sie über unsere Aura wahrnehmen und fühlen. Wie sich das bei den einzelnen Zentren äußert, erfährst du gleich. Die undefinierten oder offenen Zentren fungieren hingegen als Empfänger. Bei einem undefinierten Zentrum ist noch mindestens ein Tor aktiviert, während man an einem offenen Zentrum kein einziges aktiviertes Tor vorfindet. Über undefinierte und offene Zentren nimmst du Energien anderer Menschen auf und verstärkst sie. Die Energien darin sind dadurch nicht stetig und verlässlich, sondern schwankend. Durch die Empfänglichkeit in diesen Zentren können wir in den entsprechenden Themen ein noch tieferes Verständnis für andere gewinnen und mehr Empathie entwickeln.

Sender und Empfänger

Wenn man das Human-Design-System gerade frisch entdeckt, kann es passieren, dass man dazu neigt, die definierten Zentren als etwas Positiveres wahrzunehmen als die undefinierten. Wenn du gleich mehr über die einzelnen Zentren liest, wirst du aber sehen, dass das Quatsch ist. Beides bringt unterschiedliche Herausforderungen und Vorteile mit sich. Das liegt daran, dass du jedes Zentrum in einem höheren Ausdruck oder in einem niedrigen Ausdruck leben kannst. Der höhere Ausdruck, auch Higher Self genannt, holt quasi das Beste heraus. Du erreichst ihn, indem du dein Design lebst, insbesondere deiner Autorität und deiner Strategie folgst. Wie das geht, erkläre ich dir im Kapitel dazu. In den niedrigen Ausdruck, auch Lower Self genannt, gelangst du, wenn du gegen dein eigenes Design lebst, also weder deiner Strategie noch deiner Autorität folgst. Das passiert leicht, weil wir alle ständig Konditionierungen ausgesetzt sind, energetischen wie solchen, die durch Erfahrungen entstehen. Deswegen ist der Dekonditionierungsprozess so wichtig und ich komme im Buch immer wieder auf ihn zurück.

Das Kronenzentrum – Typ: Druckzentrum

Das Kronenzentrum zeigt, wie wir Inspiration empfangen. Biologisch ist es mit der Zirbeldrüse und der grauen Substanz des Gehirns verbunden. Besonders der Zirbeldrüse wird nachgesagt, dass sie unsere Verbindung zur spirituellen Welt ist.

Hast du ein definiertes Kronenzentrum, kommt die Inspiration aus dir selbst heraus. Du bist quasi eingestöpselt an das Universum und deine Krone kreiert jede Menge Inspiration, ohne dass im Außen etwas passiert. Du kannst die wildesten Ideen »downloaden«, wenn du einfach nur auf eine weiße Wand schaust. Das ist einerseits eine tolle Angelegenheit, weil dir die Ideen nie ausgehen. Andererseits kann es sehr anstrengend sein, weil du den Druck verspüren könntest, jede Inspiration und Idee umzusetzen, und du dadurch sehr ruhelos werden kannst.

Wenn dein Kronenzentrum undefiniert oder offen ist, bist du für jede Form der Inspiration von außen sehr offen und empfänglich. Vielleicht hast du beispielsweise in einem Museum oder im Café die besten Ideen. Wenn du dich mal uninspiriert fühlst, solltest du also definitiv rausgehen! Eine weiße Wand wird dir nicht helfen. In einem hohen Ausdruck weißt du, welche Inspirationen wirklich wertvoll für dein Leben sind, und selektierst sie auch aus. In einem niedrigen Ausdruck kann es hier auch zu einem Ideen-Overload kommen, sodass man wie ein wildes Huhn jeder Idee, die einem begegnet, nachjagen möchte. Plattformen wie Instagram können hier Fluch und Segen zugleich sein, weil sie einerseits Inspiration am laufenden Band geben, aber die Überreizung zum niedrigen Ausdruck des undefinierten Kronenzentrums führen kann.

Ajna-Zentrum – Typ: Bewusstseinszentrum

Im Ajna-Zentrum sitzt unser Verstand und verarbeitet jede Art von Information: Zahlen, Daten, Fakten und Meinungen. Es ist auch das Zentrum, das uns dazu befähigt, abstrakt zu denken und beispielsweise Konzepte und Theorien zu entwickeln. Biologisch ist das Ajna-Zentrum verbunden mit unserer Hypophyse, dem Neokortex und den Augen.

Wenn dein Ajna-Zentrum definiert ist, kannst du dir deinen Verstand wie einen ratternden Prozessor vorstellen, der unentwegt Daten verarbeitet. Dies führt in einem hohen Ausdruck dazu, dass du all diese Daten und Informationen auch für andere bereitstellen kannst, indem du beispielsweise messerscharf argumentierst, deine Meinung vertrittst, spontane Einfälle äußerst oder Geschichten erzählst. Im niedrigen Ausdruck übernimmt der Verstand die Show und mischt sich in jede Entscheidung ein. Im Human Design sitzt die Entscheidungsweisheit allerdings ganz woanders, wie du im Autoritäten-Kapitel noch erfahren wirst, und der Verstand ist nicht dafür da, Entscheidungen zu treffen. Menschen mit einem definierten Ajna-Zentrum neigen im niedrigen Ausdruck auch dazu, extrem stark auf ihrer Meinung zu beharren und keine andere neben sich gelten zu lassen. Ich habe da immer das Bild einer Polit-Talkshow vor Augen, in der die Diskutanten keinen Millimeter von ihrer Meinung abweichen wollen.

Ist das Ajna-Zentrum dagegen undefiniert oder offen, reagiert es auf die Gedanken anderer und verarbeitet all die Informationen um sich herum. Im hohen Ausdruck bist du mit einem undefinierten Ajna-Zentrum wahrscheinlich sehr talentiert darin, mehrere Perspektiven zu sehen und dir keine feste Meinung zu bilden. Du kannst erkennen, welche mentalen Konzepte für dich und dein Leben von Wert sind und welche du vernachlässigen kannst. In einem niedrigen Ausdruck identifizierst du dich zu stark mit den Meinungen und Konzepten anderer und es kann außerdem passieren, dass du dich in Zahlen, Daten und Fakten verlierst, die für dein Leben völlig irrelevant sind, und dadurch der Zugang zu deiner Autorität, mit der du eigentlich Entscheidungen treffen solltest (mehr dazu im Kapitel zur Autorität), blockiert wird.

Der Verstand übernimmt die Show

Kehlzentrum – Typ: Manifestationszentrum

Alle Wege führen nach Rom oder in unserem Fall eben zur Kehle! Kein Zentrum im Chart hat so viele (potenzielle) Tor-Aktivierungen wie das Kehlzentrum, was daran liegt, dass es unser Manifestationszentrum ist und alles im Chart darauf ausgelegt ist, sich früher oder später in den unterschiedlichsten Formen zu manifestieren. Mit Manifestation ist übrigens nicht gemeint, mit Räucherstäbchen vor einem Kerzenaltar zu sitzen und Intentionen bei Neumond zu setzen. Manifestation meint hier ganz handfest unseren sprachlichen und körperlichen Ausdruck, die Kommunikation, aber auch das Handeln selbst. Manifestation kann über das Erzählen einer Geschichte genauso erfolgen wie über das Malen eines Bildes oder das Kochen des Mittagessens. Zeitgleich ist das Kehlzentrum biologisch mit unserer Schilddrüse und den Lymphknoten verbunden.

Alle Wege führen zur Kehle

Wenn du ein definiertes Kehlzentrum hast, ist dein Ausdruck und deine Art, in die Handlung zu gehen, meist festgelegt. Außerdem verfügst du durch diese Definition über ein stetiges Manifestationspotenzial. Lebst du diese Energie in einem hohen Ausdruck, drückst du dich über das Zentrum aus, mit dem dein Kehlzentrum über einen Kanal verbunden ist.

Ist beispielsweise das Ajna mit der Kehle verbunden, werden es deine Gedanken, Konzepte und Meinungen sein, die du zum Ausdruck bringst. Ist dein Milzzentrum zur Kehle verbunden, sprichst du aus deiner Intuition und bist stark in der Gegenwart verankert. Bei einer Verbindung vom G-Zentrum zum Kehlzentrum drückt man seine Identität und sein Selbst aus. Das mit der Kehle verbundene Emotionszentrum bringt Gefühle und Emotionen zum Ausdruck. Bei der Verbindung zwischen Sakralzentrum und Kehle drückt man sich aufgrund einer Reaktion aus und spricht, ohne nachzudenken. Das Herzzentrum bringt bei einer direkten Verbindung zum Kehlzentrum seinen Willen zum Ausdruck.

Wird diese Energie in einem niedrigen Ausdruck gelebt, äußert sich das daran, dass man sich aus einem anderen Zentrum als dem, welches mit der Kehle verbunden ist, zum Ausdruck bringt. Mithilfe von Strategie und Autorität kann man es schaffen, voller Klarheit aus dem korrekten Zentrum heraus zu kommunizieren und in die Handlung zu gehen.

Menschen mit einer undefinierten beziehungsweise offenen Kehle hingegen sind in ihrer Ausdrucksweise nicht festgelegt. Hast du eine offene Kehle, kannst du deinen sprachlichen Ausdruck wie ein Chamäleon anpassen, je nachdem, welche anderen Energien um dich herum sind. Es gibt sehr viele Sänger und Sängerinnen wie beispielsweise Lady Gaga oder Taylor Swift, die eine undefinierte beziehungsweise offene Kehle haben. Sie können die Energien des Publikums bei einem Konzert wunderbar nutzen, um durch ihre Kehle genau das durchfließen zu lassen, was die Zuhörenden gerade brauchen. Mit einer undefinierten Kehle weißt du in deinem höchsten Ausdruck auch, wann etwas zu sagen wäre und wann du lieber schweigen solltest. In einem niedrigen Ausdruck dagegen kann es passieren, dass du ständig versuchst, Aufmerksamkeit zu bekommen, weil du Angst verspürst, nicht gesehen zu werden. Das kann sich darin äußern, dass du zu viel plapperst oder versuchst, die Kommunikation mit anderen zu erzwingen, was sich für dein Gegenüber dann unangenehm anfühlt.

G-Zentrum – Typ: Identitätszentrum

Dieses Zentrum wird oft auch als das Selbst-Zentrum bezeichnet, weil dort unsere Identität, also unser Selbst, sitzt. Es hat eine energetische Verbindung zur (Selbst-)Liebe und kann uns in die richtige Richtung im Leben ziehen, wenn wir ihm erlauben, sich korrekt zu entfalten. Biologisch hat es eine Wechselbeziehung zu unserer Leber und unserem Blut.

Wenn dein G-Zentrum definiert ist, weißt du oft sehr genau, wer du bist, und hast eine sehr verlässliche Identität. Dadurch bist du für andere Menschen auch gut greifbar. Wenn du das Zentrum in einem hohen Ausdruck lebst, kannst du zu einem Richtungsweiser für andere Menschen werden und eine tiefe Selbstliebe empfinden. Versäumst du es allerdings, auf Strategie und Autorität zu hören, kannst du leicht in eine falsche Richtung geleitet werden und Selbstliebe zu empfinden, wird dir schwerfallen.

Ist dein G-Zentrum dagegen undefiniert oder offen, bist du wie ein Chamäleon und kannst deine Identität reibungslos an die Mitmenschen anpassen, die gerade um dich herum sind. Ein Stück weit kannst du ihre Identität sogar übernehmen. Dadurch kommst du wahrscheinlich mit den unterschiedlichsten Menschentypen aus und liebst es auch, unterschiedliche Identitäten auszuleben.

In einem hohen Ausdruck erlaubst du dir das Ausleben all dieser Facetten und achtest darauf, dich in der richtigen Umgebung und inmitten der richtigen Menschen zu befinden. Rutschst du in den niedrigen Ausdruck des undefinierten Zentrums ab, drohst du dich in den vielen Identitäten komplett zu verlieren, ohne zu wissen, wer du selbst im Kern noch bist. Dadurch wirst du auf der ständigen Suche nach Richtung und Liebe sein.

Herzzentrum – Typ: Motorzentrum

Das Herzzentrum wird auch als Ego-Zentrum bezeichnet und versorgt uns als Motorzentrum mit Energie. Es beherbergt unsere Willenskraft, aber auch unser Selbstwertgefühl. Es hat eine biologische Wechselbeziehung zu unserem Magen, der Thymusdrüse, dem Herzen und der Gallenblase.

Ist das Zentrum in deinem Chart definiert, stehen dir deine Willenskraft und dein Selbstwert durchgehend zur Verfügung. Du bist einer von den Menschen, die Ziele mit reiner Willenskraft erreichen können, denn das ist tatsächlich nicht für uns alle der Fall.

In einem hohen Ausdruck hast du einen stabilen Selbstwert, hältst deine Versprechen dir selbst und anderen gegenüber und erlaubst dir auch, wettbewerbsorientiert zu sein. Ein definiertes Herz liebt es, sich in einem Wettkampf zu messen, auch wenn er nur aus einem Brett- oder Videospiel besteht. Außerdem nutzen definierte Herzen ihre Willenskraft gern, um sich in der Gemeinschaft zu engagieren, und sind bereit, viel zu geben. Dafür möchten sie allerdings auch etwas zurückbekommen – sei es Anerkennung, Dank oder Materielles. Im niedrigen Ausdruck kann es passieren, dass du deine »egoistischen« Bedürfnisse unterdrückst und deine Willensstärke nicht einsetzt. Insbesondere Frauen kann das leicht passieren, wenn sie unbewusst dem falschen gesellschaftlichen Idealbild einer sich aufopfernden Frau und Mutter folgen wollen, die dafür gefeiert wird, die Bedürfnisse aller anderen vor ihre eigenen zu stellen. Umgekehrt kann es im niedrigen Ausdruck auch passieren, dass du die Ego-Energie zu stark auslebst und nicht bereit bist, deinerseits etwas für andere zu leisten.

Ist dieses Zentrum undefiniert oder offen, wirkst du als Verstärker für die Ego-Energien der definierten Herzen um dich herum und kannst ihre Willenskraft für deine Ziele anzapfen. Auch brauchst du dann keinen Wettkampf, um deinen Wert zu kennen. Im höchsten Ausdruck möchte dein undefiniertes oder offenes Herzzentrum sich nämlich nicht beweisen und schon gar nicht deinen Wert an deiner Leistung messen.

Dein Wert ist nicht von deiner Leistung abhängig.

Hier zeigt sich auch schon die Falle, in die fast alle mit einem undefinierten oder offenen Herzen tappen: Sie machen ihren Selbstwert von ihrer Leistung abhängig und vergleichen sich mit anderen. Dass das keine hilfreiche Energie ist und ein wahrer Teufelskreis sein kann, versteht sich von selbst.

Sakralzentrum – Typ: Motorzentrum

Auch dieses Zentrum ist ein reiner Motor, der uns mit Energie versorgt. Es ist Sitz der Sexualität, Kreativität, Fruchtbarkeit und Arbeit. Biologisch ist das Sakralzentrum mit unseren Sexualorganen verbunden und je nach Geschlecht den Eierstöcken oder den Hoden zugeordnet.

Sobald dein Sakralzentrum definiert ist, bist du ein Generator oder ein manifestierender Generator. Die Funktion des Zentrums ist dann sehr simpel: Energie zu erzeugen und dir diese zur Verfügung zu stellen. Im höheren Ausdruck arbeitet dein Motorzentrum regenerierend, ist kreativ und erschafft immer wieder etwas (Neues). Im niedrigen Ausdruck kann das Sakralzentrum dir jedoch auch Energie entziehen und degenerierend wirken, sodass du dich sehr erschöpft und ausgelaugt fühlst.

Ist dein Sakralzentrum undefiniert oder offen, bist du ein Projektor, Manifestor oder Reflektor. Du nimmst die sakrale Energie von Generatoren und MGs auf und verstärkst sie. Das bedeutet, dass du diese Energie anzapfen und für eine intensivere Arbeitsphase nutzen kannst, wenn du dich in der Nähe von Generatoren und MGs befindest. Bei 70 Prozent sakraler Energie auf der Welt findet sich immer ein Generator oder MG, dessen sakrale Energie du für dich zeitweise nutzen kannst. Da du mit der Ausdauerenergie aus dem Sakralzentrum aber nicht von Haus aus ausgestattet bist, solltest du gut darauf achten, dir genügend Pausen zu nehmen und die sakrale Energie anderer wieder loszulassen.

Im höchsten Ausdruck lässt du Entspannung zu. Du weißt genau, wo deine Grenzen liegen und wann du mit der Arbeit aufhören solltest. Den niedrigen Ausdruck erkennst du daran, dass du nicht weißt, wann es genug ist, und bis zur Erschöpfung arbeitest. Das kann sich oft in einer Ruhelosigkeit oder auch in Schlafstörungen äußern und es wäre hier essenziell, die Reißleine zu ziehen und eine Pause zu machen.

Milzzentrum – Typ: Bewusstseinszentrum

Das Milzzentrum ist das älteste Zentrum im ganzen Chart. Kein Wunder also, dass es mit dem Überleben und unseren Instinkten zu tun hat. Bevor wir uns Gedanken darüber machen konnten, ob wir unsere Wahrheit sprechen, uns eine Meinung bilden oder uns selbst verwirklichen, musste früher schließlich zunächst einmal unser Überleben gesichert sein. Neben unseren Überlebensinstinkten ist das Milzzentrum verbunden mit unserem gesundheitlichen und körperlichen Wohlbefinden. Passenderweise ist es biologisch verbunden mit unserem Immunsystem, unserem lymphatischen System und unserer Milz.

Menschen mit einer definierten Milz haben eine sehr starke und zuverlässige innere Stimme, die sich oft als Intuition äußert. Diese innere Stimme ist dafür da, das Überleben zu sichern. Im niedrigen Ausdruck rationalisierst du diese Stimme und tust sie ab.

Gleichzeitig kann sich ein niedriger Ausdruck dadurch äußern, dass du sehr starke Ängste empfindest. Kaum jemand von uns hat gelernt, seiner Intuition zu vertrauen, weil die Impulse, die sie uns schickt, uns so irrational erscheinen. In einem hohen Ausdruck vertraust du dieser inneren Stimme. Ein höherer Ausdruck äußert sich außerdem über gesundheitliches Wohlbefinden und eine grundsätzliche Unbeschwertheit, die du an den Tag legst.

Ist dein Milzzentrum undefiniert oder offen, empfängst du die Milzenergien anderer und verstärkst sie. Das kann gerade in Heilberufen ein wahrer Segen sein, weil du den Gesundheitszustand anderer energetisch erspüren kannst. Mit einem undefinierten Milzzentrum bist du wahrscheinlich ein sehr feinfühliger Mensch, der zu großer Weisheit in Bezug auf die eigene Gesundheit und die Gesundheit anderer Menschen gelangen kann. Durch diese Feinfühligkeit bist du allerdings auch etwas anfälliger, was die eigene Gesundheit angeht. In einem hohen Ausdruck achtest du sehr auf dich, triffst keine zu schnellen, spontanen Entscheidungen und suchst die für dich passenden Dinge heraus, auch wenn das für andere manchmal unbequem sein kann. Hast du zum Beispiel eine Nahrungsmittelunverträglichkeit, wirst du im höheren Ausdruck in jeder Situation darauf achten, diese Nahrungsmittel nicht in den eigenen Körper zu lassen, sondern ganz wählerisch für dich »nur das Beste« rauszupicken.

Für dich nur das Beste!

Wenn du dich im niedrigen Ausdruck des undefinierten beziehungsweise offenen Milzzentrums befindest, neigst du dazu, an Dingen, Menschen, Situationen oder Gewohnheiten festzuhalten, die nicht gesund für dich sind. Das kann dann von Süchten jeglicher Art bis hin zum Verbleib in toxischen Beziehungen reichen. Im niedrigen Ausdruck fällt es dir schwer, diese Abhängigkeiten loszulassen.

Emotionszentrum – Bewusstseins- und Motorzentrum

Wie der Name es bereits vermuten lässt, sitzen in diesem Zentrum unsere Emotionen, aber auch unser spirituelles und soziales Bewusstsein. Biologisch hat es eine Verbindung zu unseren Lungen, den Nieren, der Bauchspeicheldrüse, der Prostatadrüse und dem Nervensystem.

Ist dieses Zentrum definiert, erzeugt es eine emotionale Welle, die jeden Tag aufs Neue freigesetzt wird. Das bedeutet nichts anderes, als dass deine Emotionen nicht von Dingen und Ereignissen im Außen abhängig sind, sondern du einfach morgens mit schlechter Laune aufwachen kannst, obwohl nichts passiert ist, was diese Laune ausgelöst haben könnte. Das Gleiche gilt natürlich auch für gute Laune – auch dafür brauchst du keinen Grund. Menschen mit einem definierten Emotionszentrum dürfen vor allem lernen, sich nicht mehr für ihre Emotionen zu rechtfertigen oder diese gar zu unterdrücken, wenn sie welche haben. Sie setzen die emotionale Temperatur in ihrer Umgebung fest und dürfen vor allem lernen, zu akzeptieren, dass sie sich jeden Tag (auch innerhalb eines Tages) emotional unterschiedlich fühlen werden und dass das nichts Falsches ist. In einem hohen Ausdruck gelingt das Reiten dieser emotionalen Welle und das Warten auf emotionale Klarheit. Im Autoritäten-Kapitel werden wir diese Thematik noch näher beleuchten. In einem niedrigen Ausdruck identifizierst du dich sehr stark mit deinen Emotionen und neigst gleichzeitig dazu, sie zu unterdrücken.

Alle Gefühle dürfen da sein.

Wenn dein Emotionszentrum undefiniert oder offen ist, bist du quasi das Thermometer, das, je nachdem, ob es an einem heißen Tag in der Sonne oder im Schatten hängt, etwas anderes anzeigt. Deine Emotionen werden immer von Außen getriggert, denn du nimmst die Emotionen der anderen auf und verstärkst sie. Das muss übrigens nicht immer nur durch nahestehende Personen geschehen, obwohl das die Hauptquelle ist. Dieser Prozess kann auch ganz unbewusst stattfinden, indem du beispielsweise in der Kassenschlange im Supermarkt die Emotion einer Person vor dir aufgenommen und verstärkt hast. Wenn du dann nach Hause kommst, bist du schlecht gelaunt und kannst es dir überhaupt nicht erklären.

Mit einem undefinierten Emotionszentrum bist du hochempathisch: Du fühlst oft, was jemand anderes fühlt, noch bevor dieser es selbst fühlt. Durch das Verstärken kann es passieren, dass deine Emotionen übers Ziel hinausschießen, obwohl das überhaupt nicht dein natürlicher Zustand ist.

Im hohen Ausdruck bleibst du cool und entspannt und lässt dich nicht in die Emotionen anderer hineinziehen. Sich von den Emotionen anderer mitreißen zu lassen oder sich gar mit diesen Emotionen zu identifizieren, stellt einen niedrigen Ausdruck des Zentrums dar. Da es für dich sehr unangenehm sein kann, die Emotionen anderer zu fühlen, neigst du außerdem zum »People Pleasing« und nimmst die Verantwortung für die Emotionen anderer oft auf dich.

Wurzelzentrum – Typ: Druck- und Motorzentrum

Last, but not least schauen wir uns noch das Zentrum ganz unten im Chart an, welches eine energetische Verbindung zu unserem Antrieb, Dinge zu starten, aber auch zu unserem Stress hat. Dadurch gibt es uns den nötigen Energiekick, in die Gänge zu kommen, und ist passenderweise biologisch verbunden mit den Nebennieren, in denen die Adrenalinproduktion stattfindet.

Dieses Zentrum möchte, wenn es definiert ist, Dinge starten, bewegen und mit Druck antreiben. Gleichzeitig lässt es dich wie ein Fels in der Brandung und sehr gelassen und geerdet auf andere wirken, wenn du die Energie in einem hohen Ausdruck lebst. Es schenkt dir dann ein tiefes Vertrauen ins Leben, dass alles zur richtigen Zeit passiert, und du kannst stressige Situationen mit Leichtigkeit managen.

Mit einem definierten Wurzelzentrum besitzt du außerdem einen eigenen inneren Antrieb und liebst es wahrscheinlich, Dinge auf den letzten Drücker zu erledigen, weil du die Gewissheit hast, dass sie trotzdem funktionieren werden.

In einem niedrigen Ausdruck kann das definierte Wurzelzentrum dazu führen, dass du anfängst, anderen oder dir selbst Druck zu machen, weil Dinge vielleicht nicht schnell genug vorangehen.

Bewegung kann für Menschen mit einem definierten Wurzelzentrum sehr hilfreich sein, weil sie über den Tag hinweg einen höheren Adrenalinpegel erzeugen und dieses Adrenalin über Bewegung jeglicher Art abgebaut werden kann.

Ist dein Wurzelzentrum dagegen undefiniert oder offen, nimmst du Stress und Druck stark von außen auf und fühlst dich deshalb auch schneller gestresst. Das kann in einem niedrigen Ausdruck zur Überforderung führen, insbesondere wenn es Deadlines einzuhalten gilt. Um den Druck so schnell wie möglich loszuwerden, neigst du dann vielleicht dazu, weit über deine Belastungsgrenze hinweg zu arbeiten, und kannst dich in einem Reiz-Reaktions-Modus verlieren.

In einem hohen Ausdruck besitzt du die Weisheit, den Druck von außen zu erkennen, nutzt ihn ganz bewusst, um beispielsweise in die Gänge zu kommen, und lässt ihn im Anschluss wieder los, um dir die nötige Entspannung zu gönnen.

Die Zentren und Dekonditionierung

Es kann sein, dass du dich beim Lesen gerade vor allem im niedrigen Ausdruck der meisten oder sogar aller Zentren wiedererkannt hast. Lass dir erst mal gesagt sein, dass das völlig normal ist und das Ziel auch nicht darin besteht, alle Zentren jederzeit im höchsten Ausdruck zu leben.

Tendenziell sind unsere undefinierten und offenen Zentren anfälliger für Konditionierungen durch andere, weshalb wir auf sie den größten Fokus legen sollten. Und die gute Nachricht: Schon wenn du dir über die Themen der Zentren bewusst bist und deine Konditionierungen erkennst, kannst du den Dekonditionierungsprozess in den Zentren einleiten.

Einige dieser Zentren erleben im Laufe ihres Lebens stärkere Konditionierungen als andere. Während die Konditionierungen des undefinierten und offenen Kronenzentrums uns nicht so stark belasten, können Konditionierungen in einem undefinierten oder offenen Emotions- oder Herzzentrum uns jahrelang daran hindern, ein erfülltes Leben zu erschaffen. Falls du eines dieser beiden Zentren undefiniert oder offen hast, schau dir die Themen darin ganz genau an.

Die Abkürzung auf deinem Dekonditionierungsweg liegt allerdings noch mal woanders verborgen, und zwar auf unserer nächsten Station, also lass uns weiterziehen!

TYPEN UND STRATEGIEN

Eine der allerwichtigsten Stationen unserer Reise: Dieses Thema liegt mir ganz besonders am Herzen. Wenn du nur eine einzige Sache aus diesem Buch mitnehmen solltest, dann hoffe ich sehr, dass es das Wissen um deinen Typ und deine Strategie ist. Richtig verstanden und vor allem angewendet, kann es nämlich der größte Gamechanger sein. Überspringe dieses Kapitel also nicht, auch dann nicht, wenn du bereits Human-Design-Kenntnisse hast. Denn auch wenn du deinen Typ und die entsprechende Strategie schon kennst – lebst du auch bereits danach? Verkörperst du dieses Wissen? Erlaubst du dir, es in deinem alltäglichen Leben anzuwenden?

Ich erlebe es sehr oft, dass Menschen relativ schnell über die Typen hinweggaloppieren und direkt ganz tief in die feineren Aspekte des Charts eintauchen wollen. Ich verstehe das übrigens sehr gut, denn mir ging es damals ganz genauso. Als ich das Human-Design-System entdeckte, fühlte ich mich wie Alice im Wunderland, die nicht mehr aus dem Kaninchenbau herauskam. Vom heutigen Standpunkt aus weiß ich allerdings, dass nichts, wirklich gar nichts im Chart, so bedeutsam ist wie dein Energietyp und deine Strategie!

Sein Leben nach ihnen auszurichten, ist der allerschnellste Weg zur Dekonditionierung, insbesondere wenn du zusätzlich das Wissen um deine Autorität heranziehst, zu welcher wir später im Buch auch noch kommen werden. Unterschätze also nicht die Wichtigkeit dieser sogenannten Basisbegriffe. Auf einem wackligen Fundament steht schließlich kein Haus stabil. Du kannst die Bedeutung aller 64 Tore in der Tiefe begriffen haben; wenn du deiner Strategie nicht folgst, wirst du es trotzdem extrem schwer haben, den Dekonditionierungsprozess einzuleiten und dein Design zu leben. Unserem Typ und unserer Strategie zu folgen, ist eine lebenslange Aufgabe, mit der wir uns jeden Tag aufs Neue verbinden dürfen.

Typ und Strategie darfst du dir wie die zwei Seiten einer Medaille vorstellen – das eine gibt es nicht ohne das andere und beides ist untrennbar miteinander verbunden.

Der Typ beschreibt, wie unsere Aura funktioniert, also das elektromagnetische Feld, das unseren Körper umgibt. Es handelt sich also um einen rein mechanischen Aspekt des Charts und unser Typ sagt nicht sehr viel über unsere Persönlichkeit aus, wie es viele Menschen oft vermuten. Unsere Persönlichkeit finden wir vielmehr in den Profillinien der Sonne, zu denen wir später auch noch kommen werden.

Während der Typ die Aura beschreibt, beschreibt die Strategie die energetische Interaktion mit der Umwelt. Je mehr wir unserer Strategie folgen, desto mehr spiegelt sich das in unserer Aura wider und wir ziehen mehr von dem in unser Leben, was im Einklang mit uns ist. Wenn du beispielsweise Projektor bist und deiner Strategie folgst, auf die richtigen Einladungen zu warten, und auch nur diejenigen davon anzunehmen, die mit dir im Einklang sind, wirst du noch mehr passende Einladungen in dein Leben ziehen.

Deine Strategie findest du unterhalb des Charts aufgelistet. Dort findest du auch deine Signatur.

Signatur und Nicht-Selbst

Wenn man sich erlaubt, seiner Strategie zu folgen und auf seine Autorität zu hören, wird man seine Signatur erreichen. Die Signatur kannst du dir wie das Higher-Self-Gefühl vorstellen, das sich auch wiederum von Typ zu Typ unterscheidet. Wenn du dir erlaubst, deiner Strategie zu folgen (und auf deine Autorität zu hören, dazu kommen wir später), wirst du deine Signatur erreichen. Wenn du dich aber gegen deine Strategie wehrst und beispielsweise als Generator immer wieder initiierst, ist die Wahrscheinlichkeit hoch, dass du bei deinem Nicht-Selbst-Thema landest (auch das findest du unterhalb des Charts aufgelistet). Im Nicht-Selbst-Thema fühlen wir uns nicht wie wir selbst, ein sehr unangenehmes Gefühl, quasi unser Lower-Self, das auch wieder von Typ zu Typ unterschiedlich ist.

Um die Zusammenhänge besser zu verstehen, werfen wir einen genaueren Blick auf die Typen. Es gibt insgesamt fünf Typen, die wir im Human Design unterscheiden:

- Der Manifestor: circa 8 Prozent aller Menschen
- Der Generator: circa 37 Prozent aller Menschen
- Der manifestierende Generator: circa 33 Prozent aller Menschen
- Der Projektor: circa 21 Prozent aller Menschen
- Der Reflektor: circa 1 Prozent aller Menschen

Ganz wichtig ist mir an dieser Stelle zu betonen, dass mit dieser Unterteilung keine fünf Schubladen aufgemacht werden, in die wir die Menschen um uns herum sortieren können. Man muss sich nur einmal kurz vergegenwärtigen, wie viele Generatoren es auf dieser Welt geben muss (37 Prozent aller Menschen bedeutet fast drei Milliarden Generatoren), um zu verstehen, dass das zu kurz greift. Zum einen werden sich die Charts dieser Menschen extrem voneinander unterscheiden, zum anderen bringt jeder Mensch eine eigene Geschichte mit, die wir nicht allein aus dem Chart rauslesen können. Jeder Mensch ist schließlich absolut individuell und einzigartig. Dieser Hinweis ist mir besonders wichtig, weil ich immer wieder erlebe, wie mit dieser Kategorisierung limitierend umgegangen wird und Menschen andere Menschen oder sich selbst in Schubladen stecken und ihr Potenzial damit deckeln, anstatt es zu erkennen und zu entfalten.

Der Typ wird, wie schon gesagt, durch die definierten Zentren bestimmt, die im Chart eingefärbt sind. Generatoren und manifestierende Generatoren haben beispielsweise immer ein definiertes Sakralzentrum. Wenn man kein definiertes Sakralzentrum im Chart findet, muss es sich um einen Projektor, Manifestor oder Reflektor handeln.

Im klassischen Human Design finden wir noch eine weitere Unterteilung der fünf Typen: in Energietypen (Generatoren, manifestierende Generatoren und Manifestoren) und Nicht-Energietypen (Projektoren und Reflektoren). Ich persönlich finde diese Unterteilung nicht besonders gelungen, weil sie leicht missverstanden werden kann und dann wiederum limitierend wirkt. Da wir Menschen unsere Realität nun einmal auch über Sprache manifestieren, ist die erste Assoziation, die hier folgt, dass es Menschen gibt, die immer viel Energie haben, und solche, bei denen das nicht der Fall ist. Das ist so aber absolut nicht korrekt, denn es können sowohl Energie-

Jeder Mensch ist einzigartig!

typen extrem ausgelaugt durchs Leben gehen wie auch Nicht-Energietypen vor Energie übersprudeln. Abhängig ist das Ganze meist davon, wie gut man seiner Strategie und Autorität im Alltag folgt.

Das universelle Zusammenspiel der fünf Typen

Es hat natürlich auch einen Grund, dass es diese fünf Typen gibt. Jeder von uns hat seine ganz eigene Aufgabe im universellen Gefüge. Du kannst dir das Zusammenspiel der fünf Typen folgendermaßen vorstellen:

Der Manifestor gibt als Initiator den Zündfunken rein, der das Feuer entfacht. Die Generatoren und manifestierenden Generatoren halten das Feuer am Brennen, indem sie Dinge umsetzen, weiteres Holz heranschaffen beispielsweise. Der Projektor leitet die Energien der Manifestoren, Generatoren und manifestierenden Generatoren. Er macht zum Beispiel den Vorschlag, einen Windschutz zu bauen, damit das Feuer nicht permanent bewacht werden muss. Und last, but not least hat der Reflektor das große Ganze im Blick und hilft jedem anderen Typen, über sich und sein Verhalten zu reflektieren. Im Feuerbeispiel hätte der Reflektor das Zusammenspiel von außen beobachtet und würde mit der Gruppe ins Gespräch gehen, ob jeder seine Energie korrekt eingesetzt hat, und einen Check-in machen, wie sich jeder fühlt. Er spiegelt die Energien anderer wider und hilft ihnen dadurch, sich selbst besser zu sehen. Im Folgenden schauen wir uns jeden dieser fünf Typen im Detail an.

Der Manifestor

Wie du dir bereits denken kannst, ist es kein Zufall, dass wir uns mit dem Manifestor zuerst beschäftigen. Als Initiator ist der Manifestor der einzige Typ, der seine Projekte direkt starten darf, sobald ihm eine Idee kommt. Der Manifestor hat eine Art unsichtbare Standleitung zum großen Universellen und es gibt Phasen, in denen die Ideen Tag und Nacht zu ihm kommen, ohne dass er etwas dafür tun muss. Das macht ihn sehr schnell. Er ist bekannt dafür, den Status quo herauszufordern und noch nie da gewesene Innovationen in die Welt zu bringen. Manifestoren sind geborene Anführer und dafür designt, unbekannte Pfade zu betreten. Ra Uru Hu selbst war Manifestor und sein Erbe schlägt bis heute große Wellen. Das Human-Design-System ist für viele Menschen bis heute innovativ, herausfordernd und provozierend – alles Eigenschaften, die wir mit dem Manifestor verbinden.

In einem Manifestor-Chart ist das Sakralzentrum immer undefiniert und eines der anderen Motorzentren ist direkt oder indirekt, also durch den Umweg über ein anderes Zentrum, mit dem Kehlzentrum verbunden.

Begleitet wird dieser Energietyp von einer sehr dichten Aura. Für seine Mitmenschen kann die Aura eines Manifestors mitunter so verschlossen erscheinen, dass sie sie verunsichert. Weil sie kaum hindurchsehen können, erscheint ihnen der Manifestor unnahbar und undurchschaubar. Viele Menschen fühlen sich von dieser mysteriösen Aura getriggert und können mit einem Manifestor erst mal nichts anfangen. Andere dagegen werden von ihr magisch angezogen und unterstützen ihn liebend gern bei seinen Visionen, wenn er sie daran teilhaben lässt.

Diese Aura ist nicht umsonst so gebaut. Über sie wird direkt selektiert, wer zum Manifestor passen könnte und wer nicht – sie räumt seinen Weg frei. Die Kehrseite dieser Aura ist, dass viele Manifestoren in ihrer Kindheit damit angeeckt sind, sei es in der Schule oder im Freundeskreis. Dadurch hat sich bei ihnen unter Umständen unbewusst der Glaubenssatz verfestigt, dass mit ihnen etwas nicht stimmen könnte oder dass sie zu viel für andere sind. Also haben sie sich angepasst und ihre Größe versteckt, damit sie bloß von allen gemocht und akzeptiert werden. Im Erwachsenenleben kann sich das sehr stark dadurch äußern, dass man es allen immer recht machen möchte und in das sogenannte People Pleasing verfällt. Oft machen sich Manifestoren so klein, dass von der königlichen Energie, die sie normalerweise umgibt, nicht mehr viel übrig ist.

Die Aura räumt den Weg frei

Mit seiner Firestarter-Energie ist der Manifestor außerdem sehr ergebnisorientiert und es geht ihm weniger darum, den Prozess zu genießen, als vielmehr seine Visionen wirklich in die Tat umzusetzen. Dies bedeutet übrigens nicht, dass der Manifestor alleine dafür zuständig ist. Er hat Energie nur schubweise zur Verfügung und darf sich insbesondere für die Phasen, in denen er eine Pause braucht, Unterstützung von anderen (am besten von Generatoren oder manifestierenden Generatoren) holen. Seine Aufgabe ist tatsächlich nur, den Pfad zu ebnen und andere Menschen an Bord zu holen.

All das führt dazu, dass Manifestoren oft ein Thema mit Kontrolle und Autonomie haben. Sie sind sehr freiheitsliebend und unabhängig. Dadurch werden sie einerseits nicht gern kontrolliert und möchten andererseits jederzeit unabhängig von anderen agieren können. Sie mögen es einfach überhaupt nicht, wenn man ihnen sagt, was sie tun sollen, was natürlich zu einigen Konflikten in ihrem Umfeld führen kann. Diese Konflikte kann der Manifestor auf ein Minimum reduzieren, indem er seiner Strategie folgt.

Strategie, Signatur und Nicht-Selbst

Die Strategie des Manifestors ist das Informieren. Informieren bedeutet, dass man als Manifestor sein Umfeld auf dem Laufenden darüber hält, was gerade ansteht. Insbesondere sollte man diejenigen Menschen informieren, die von den eigenen Aktivitäten betroffen sind. Möchtest du morgen nach Bali auswandern? Dann informiere bitte deinen Partner rechtzeitig. Möchtest du zu Hause bleiben, obwohl du eigentlich zum Essen verabredet bist? Dann informiere die betroffene Person.

Das Informieren ist nichts, was einem Manifestor leicht von der Hand geht, und darf tatsächlich geübt werden. Diese Strategie hat auch nichts damit zu tun, andere um Erlaubnis zu fragen, wird aber oft so verstanden. Wenn man beispielsweise mit einer Freundin essen gehen möchte, ist es wichtig, dass man den Partner kurz informiert, dass man das tut, damit er nicht vergeblich auf einen wartet. Man braucht hier keine Erlaubnis, sondern verhindert Konflikte. Viele Manifestoren überspringen diesen Teil, weil es Reibung in ihrem Prozess erzeugt, und übersehen, dass sie damit unerwünschte Reibungen in ihrem Umfeld hervorrufen, die man ganz easy hätte vermeiden können.

Schafft es der Manifestor zu informieren, ist der Weg energetisch frei für seine Visionen und Projekte, denen er dann in seiner Signatur, dem Frieden, nachgehen kann. In Frieden mit der Freundin essen gehen oder in aller Ruhe nach Bali auswandern, ist viel wahrscheinlicher, wenn man vorher informiert. Die Strategie ist sein Ticket in die energetische Freiheit.

Was ich an dieser Stelle allerdings betonen möchte, ist, dass es bei dieser Strategie nicht darum geht, keine Rücksicht mehr auf andere Menschen zu nehmen und nur noch mit der »Ich mache, was *ich* will«-Attitüde durchs Leben zu gehen. Es ist kein Freifahrtschein für schlechtes und unfreundliches Verhalten.

Wenn der Manifestor nicht lernt, seiner Strategie zu folgen, erwartet ihn mit großer Wahrscheinlichkeit sein Nicht-Selbst-Thema: die Wut. In Konflikten, die entstehen, weil der Manifestor vergessen hat, zu informieren, kann er schnell wütend werden, weil er das Gefühl bekommt, dass man ihn kontrollieren möchte und sich ihm in den Weg stellt.

Immer wenn man als Manifestor wütend ist, darf man sich fragen, an welcher Stelle man vergessen hat, andere zu informieren. Ich verspreche dir, dass die Reibereien und Widerstände weniger werden, wenn du anfängst, dein Umfeld über deine Projekte auf dem Laufenden zu halten.

Informieren bedeutet übrigens auch, dass man andere an seinen Visionen teilhaben lässt. Wie sollen sie dir helfen, deine großen Ideen umzusetzen, wenn sie nichts darüber wissen? Und auch hier gilt: Das reine Informieren reicht. Du musst niemandem nachlaufen oder von deinen Visionen überzeugen. Die richtigen Menschen werden zu dir finden, wenn du anfängst, deine Visionen mit der Welt zu teilen. Stell dir vor, dass du als Manifestor wie der Fahrer eines Zuges agierst. Du machst ganz entspannt die Ansage, dass dein Zug von Hamburg nach Berlin fährt. Die Menschen, die nach Berlin wollen, werden in den Zug steigen. Alle anderen werden einen anderen Zug nehmen, und das ist völlig fein. Lasse dich auch nicht von Kritikern deiner Ideen verunsichern. Ein Zug ändert auch nicht sein Ziel, nur weil jemand auf dem Gleis sagt: »Frankfurt gefällt mir aber viel besser als Berlin.«

Bekannte Manifestoren:
Ra Uru Hu, Hermann Hesse, Jennifer Aniston, Johnny Depp, Aldous Huxley

Drei Reflexionsfragen für den Manifestor:

1. Halte ich die Menschen in meinem Umfeld auf dem Laufenden über meine Entscheidungen?
2. In welchen Bereichen meines Lebens brauche ich mehr Freiheit und Kreativität?
3. Wo versuche ich noch, es Menschen recht zu machen, damit bloß keine Reibung im Außen entsteht?

Drei Affirmationen für den Manifestor:

- Ich bin kraftvoll und mächtig.
- Ich darf große Visionen für die Welt haben.
- Ich nehme mir den Freiraum, meinen Ideen nachzugehen.

Der Generator

Vorhang auf für unser Powerpaket, den Generator! Das definierte Sakralzentrum versorgt den Generator mit einer ordentlichen Portion Ausdauerenergie und macht ihn zu einem absoluten Umsetzer. Er verfügt über eine sehr offene und anziehende Aura, die dafür sorgt, dass Generatoren den meisten von uns als sympathische Wesen erscheinen.

Hat der Generator einmal richtig Feuer für eine Sache gefangen, kann er unermüdlich daran arbeiten, ohne dass ihm die Puste ausgeht.

Dies passiert jedoch wirklich nur, wenn dem Ganzen ein sehr großes »Hell, yes!« vorangegangen ist und nicht, wenn es sich um Verpflichtungen handelt, auf die der Generator eigentlich gar keine Lust hat, aber von denen er meint, sie machen zu müssen. Generell neigen Generatoren dazu, sich für andere aufzuopfern und die eigenen Bedürfnisse hintanzustellen. Das kann sogar so weit gehen, dass der Generator im Burnout landet. Das Sakralzentrum des Generators kann nämlich nicht nur Energie erzeugen, sondern diese auch entziehen. Insbesondere eben dann, wenn er einer Tätigkeit nachgeht, die ihm null Freude bereitet.

Wenn du Generator bist und dir gerade denkst: »Das Leben ist aber nicht immer eitel Sonnenschein, und der Freude folgen geht in meinem Alltag nicht«, dann frag dich, ob das wirklich wahr ist. Denk an einen Moment in deinem Leben zurück, in welchem du vollständig im Flow und so tief in eine Sache versunken warst, dass du alles um dich herum vergessen hast. Das sind die Momente, die dir Energie geben und die für dich extrem wichtig sind.

Generatoren sind nämlich vor allem am Prozess, also am Tun selbst, orientiert und nicht nur am Ergebnis, welches dabei rauskommen soll.

Der Weg ist für Generatoren so viel wichtiger als das Ziel und wenn der Weg keinen Spaß macht, verfolgen sie nicht das richtige Ziel. Generatoren sind dafür da, Dinge zu erschaffen und ihr Strahlen mit ihrer Kreativität auf uns alle zu übertragen. Wenn sie endlich »ihr Ding« gefunden haben, haben sie das Potenzial, es bis zur absoluten Meisterschaft zu bringen, weil sie sehr viel Durchhaltevermögen und Umsetzungskraft mitbringen.

Strategie, Signatur und Nicht-Selbst

Sein volles Potenzial kann der Generator nur aus der Reaktion heraus entfalten, weil das Reagieren eine Strategie im Leben ist. Der Generator ist nicht dafür designt, die erstbeste Idee, die ihm kommt, direkt umzusetzen. Vielmehr befindet er sich in einem energetischen Tanz mit allem, was um ihn herum passiert. Das Universum schickt dem Generator immer wieder Impulse im Außen, auf die er reagieren kann. Sie können so vielfältig sein wie das Leben selbst: die Frage einer Freundin, ein Post auf Social Media, ein plötzlicher Geruch in der Luft oder ein Werbeplakat an der Bushaltestelle.

Die Reaktion kann dabei ganz unterschiedlich ausfallen: Mal wird es ein lautes »Hell, yes!« sein, und du verspürst ein Kribbeln im Bauch, mal eher ein zustimmendes »Mmmmhh«. Wenn dem Generator-Sakral etwas nicht zusagt, äußert sich das ebenfalls über eine Bauchreaktion. Wenn es ganz heftig ist, kann sich das wie ein Tritt in die Magengrube anfühlen oder du hast einfach ein flaues Gefühl im Bauch und möchtest dich der Situation entziehen.

Die Reaktion des Generators können wir uns wie unterschiedliche Abstufungen auf einer Skala vorstellen: Es gibt nicht nur die sehr stark wahrnehmbaren Empfindungen, sondern auch viele Graustufen, die man oft nicht einordnen kann. Wenn du dich in solch einer Situation befindest und nicht weißt, ob dir dein Bauch ein Ja oder Nein sendet, stufe es am besten als ein »jetzt noch nicht« ein. Vielleicht darfst du in Zukunft noch einmal oder sogar mehrfach darauf reagieren und die Reaktion fällt eindeutiger aus. Wenn du Generator mit einer emotionalen Autorität bist, darfst du bei großen Entscheidungen mindestens eine Nacht abwarten, ob das positive Bauchgefühl am nächsten Tag noch da ist, und du solltest dich nicht Hals über Kopf zu großen Projekten committen. Lies dir dazu unbedingt auch das Kapitel zur emotionalen Autorität durch.

Vertrau deinem Bauchgefühl

Die größte Herausforderung des Generators ist es, sich zurückzulehnen und auf diese Impulse zu warten. Oft kommt ihm da seine Ungeduld in die Quere und bevor er sichs versieht, hat er schon etwas initiiert, ohne vorher reagiert zu haben. Das passiert tatsächlich sehr oft und sehr schnell, weil Generatoren gern beschäftigt sind und etwas zu tun haben. Wenn das passiert, ist der Weg in das Nicht-Selbst-Thema, die Frustration, nicht mehr weit.

Dann wundert man sich, warum bestimmte Projekte nicht vorangehen, man ständig auf der Stelle tritt oder (Achtung, eines der wichtigstes Zeichen ever!) einem unterwegs die Puste und Energie ausgeht. In diesen Fällen sagt das Sakralzentrum des Generators, dieser unfassbar kraftvolle Motor: »So nicht, Schätzchen! Wenn du immer nur Dinge machst, auf die ich vorher nicht positiv reagiert habe, entziehe ich dir die Energie!«

Der einzige Weg aus diesem Zustand ist, seiner Strategie Schritt für Schritt zu folgen und sich in Geduld zu üben. Wenn das Sakralzentrum positiv auf einen Impuls im Außen reagiert, sagt es: »Yes, das möchte ich tun und deshalb stelle ich dir die Energie für dieses Projekt zur Verfügung, auch wenn ich noch nicht weiß, wie!« Das Bauchgefühl kennt keine Logik, und wenn du dich dabei ertappst, logische Argumente für eine Entscheidung zu suchen, kannst du sicher sein, dass du dich von deiner Bauchstimme verabschiedet hast und im Verstand gelandet bist. Wie du am besten Entscheidungen mit deinem Bauchgefühl triffst, wirst du noch im Kapitel zu den Autoritäten erfahren, aber ganz egal, welche Autorität du als Generator hast: Das Sakral gibt immer den ersten Impuls und sollte niemals ignoriert werden.

Gib Projekten, zu denen dein Bauch dir ein kraftvolles Ja sendet, also immer eine echte Chance. Sie können dich in die höchsten Höhen und vor allem zu deiner Signatur, der Zufriedenheit und Erfüllung, bringen. Bleibst du dann auch noch am Ball und erlaubst deinem Sakral, sich warmzulaufen, kannst du Großes erschaffen. Denn Generatoren sind mit ihrem unglaublichen Durchhaltevermögen im wahrsten Sinne des Wortes dafür designt, echte Meister ihres Faches zu werden. Wenn du als Generator in deiner Freude bist, wirst du zu einem Leuchtturm für andere und steckst die Welt mit deiner sakralen Energie an.

Schritt für Schritt zur Meisterschaft

Falls du das Gefühl hast, die Verbindung zu deinem Bauch im Laufe deines Lebens verloren zu haben, ist das nichts Außergewöhnliches. In unserer Gesellschaft werden wir von klein auf darauf konditioniert, unserem Verstand die Herrschaft über unsere Entscheidungen zu überlassen. Wir lernen, Pro-und-Kontra-Listen zu schreiben oder ewige Diskussionen mit den unterschiedlichsten Menschen zu führen. Aber keine Sorge, auch da gibt es einen Weg raus. Eine powervolle kleine Veränderung kann sehr große Wirkung haben, wenn du sie täglich umsetzt: Stelle dir vor Entscheidungen geschlossene Ja-Nein-Fragen!

Beim Sakralzentrum handelt es sich um reine Motorenergie, es reagiert am besten auf *einen* Impuls. Offene Fragen können für dich als Generator eine gewisse Überforderung mit sich bringen. Wenn dich dein Partner oder deine Partnerin am Abend fragt, was ihr essen wollt, wird es für dich superschwierig sein, eine gute Antwort zu finden, und du wirst direkt in den Verstand rutschen und die Speisekammer im Kopf durchgehen. Würde man dich aber fragen, ob du Lust auf Spaghetti mit Tomatensoße hast, könntest du genau sagen, ob die Antwort darauf ein Ja oder ein Nein ist. Ich weiß, dass dieser Tipp den meisten etwas zu einfach klingt und er deshalb auch oft unterschätzt wird, aber bitte doch deine Liebsten in Zukunft, dir geschlossene Fragen zu stellen, auf die du mit einem Ja oder Nein reagieren kannst, und ich verspreche dir, dein Leben wird um ein Vielfaches einfacher werden. Du kannst dir die geschlossenen Fragen auch selbst stellen, durch andere Menschen ist es jedoch etwas wirkungsvoller.

Ja-Nein-Fragen sind der Gamechanger

Wenn du schon etwas geübter mit geschlossenen Fragen bist, kannst du anfangen, deine sakralen Laute zu beobachten. Sakrale Laute sind spontane Äußerungen wie »Mmmhhh« oder »Hhhhmmm« und es ist dein Bauch, der sich darüber zum Ausdruck bringt, noch bevor dein Verstand dazwischengrätschen kann. Diese sakralen Laute können wir bei den kleinen Generatoren noch sehr gut beobachten. Wenn du ein Generator-Kind hast, das sich darüber mitteilt, dann lege ich dir sehr ans Herz, diese Laute wertzuschätzen und deinen Mini-Generator nicht dazu zu zwingen, seine sakralen Laute in Worte zu übersetzen.

Bekannte Generatoren:
Madonna, Lady Gaga, Charlie Chaplin, Oprah Winfrey, Albert Einstein

Drei Reflexionsfragen für den Generator:

1. Welche Entscheidungen in meinem Leben habe ich mit meinem Bauch getroffen? Welche nicht?
2. Welche Dinge, Menschen und Situationen bringen mir die größte Erfüllung? Welche nicht?
3. Zu welchen Dingen würde ich gern Nein sagen, traue es mich aber aus Schuld- und Pflichtbewusstsein nicht?

Drei Affirmationen für den Generator:

- Ich vertraue meinem Bauchgefühl.
- Ich lasse mich von der Freude leiten.
- Ich darf Nein sagen zu Dingen, Menschen und Situationen, die mich nicht erfüllen.

Der manifestierende Generator

Der manifestierende Generator ist, wie der Name schon verrät, ein Mischtyp aus Generator und Manifestor. Er hat die Schnelligkeit des Manifestors und die Power des Generators. Auch wenn der MG, wie der manifestierende Generator abgekürzt wird, traditionellerweise zu den Generatoren gezählt wird, wird heute klar zwischen Generator und manifestierendem Generator unterschieden. Der MG verfügt wie der Generator über ein definiertes Sakralzentrum und der Mini-Manifestor an Bord äußert sich in einer direkten oder indirekten Verbindung von einem Motorzentrum zum Kehlzentrum.

Der MG ist sehr vielseitig interessiert und auch oft begabt. Multitasking fällt ihm leicht und ich bin fest davon überzeugt, dass dieser Begriff von einem MG erfunden worden ist. Vielleicht hast du schon einmal von »Scannerpersönlichkeiten« gehört? Das sind Menschen, die gern viele Dinge gleichzeitig anfangen, mehrere Bücher parallel lesen und 77 Tabs im Browser geöffnet haben, aber nicht alle davon zu Ende bringen, über den Anfang der Bücher nicht hinauskommen zum Beispiel. Mittendrin stellen sie fest, dass es doch nicht das Richtige war, die Freude verloren gegangen ist oder etwas Neues ruft. Das sind die MGs in unserer Gesellschaft. Wenn MGs das Feuer am Brennen halten, kann es sein, dass sie mittendrin plötzlich durch ein Rascheln im Wald oder ein Licht in der Ferne angelockt werden, das viel spannender erscheint. Es kann auch sein, dass das Feuer ihnen so langweilig wird, dass sie sich einfach eine andere Beschäftigung suchen.

Vielleicht denkst du dir jetzt: »Wie kann man nur so durchs Leben gehen? Man muss doch auch mal etwas durchziehen, auch wenn es keine

Freude bereitet.« Und damit wären wir bereits bei der größten Konditionierung, die MGs erfahren: dass sie Dinge zu Ende führen müssen, auch wenn sie ihnen keine Freude bereiten. Stell dir vor, eine siebenjährige MG stellt nach der dritten Reitstunde fest, dass es doch nicht das Richtige für sie ist. Was werden viele Eltern dazu wohl sagen? Dass sie dieses Hobby weiterpflegen sollte, die Ausrüstung ist ja bereits gekauft. Was glaubst du, was sie daraus lernt? Richtig: Wenn ich Dinge angefangen habe, muss ich sie durchziehen, auch wenn sie mir keine Freude machen. Ein erwachsener MG ist seit drei Jahren Sachbearbeiter in einem großen Unternehmen und übt tagein, tagaus die gleichen Aufgaben aus, die ihn zu Tode langweilen und frustrieren, aber er traut sich keinen Schritt raus aus dem System zu machen. Weil man einen Job ja wenigstens ein paar Jahre durchziehen muss, bevor man mit dem Gedanken spielen darf, sich umzuorientieren. Hier wirkt die Konditionierung schon sehr stark und erstickt die kreative MG-Energie im Keim.

Denn das ist die universelle Aufgabe von MGs: Aus der Reaktion heraus etwas zu erschaffen, dabei ihrer Freude und ihrem Bauchgefühl zu folgen und in diesem Prozess Abkürzungen zu finden. Dabei gehen sie eben nicht Schritt für Schritt vor wie der Generator, sondern überspringen immer wieder ein paar Stationen. In einem Buch wie diesem fangen sie vielleicht direkt mit dem Praxisteil an oder lesen nur die Typen, die sie betreffen. In einem Onlinekurs starten sie mit Modul 4, springen dann zu Modul 7, nur um in Modul 8 festzustellen, dass ihnen noch ein Puzzleteil aus Modul 2 fehlt. Dann springen sie kurz zurück und machen anschließend in ihrem Hyperspeed weiter. Falls du selbst MG bist, wird es dir bestimmt schon sehr oft passiert sein, dass du vergessen hast, jemandem zu antworten oder

MGs finden Abkürzungen

eine Rechnung zu überweisen. Wenn du immer mal wieder zurückgehen und etwas nachholen musst, ist das tatsächlich ein Zeichen dafür, dass du dein Design lebst! Bestimmte Dinge hatten einfach keine hohe Priorität für dich und du hast sie MG-like übersprungen. Je schneller du deinen Frieden mit dieser Energie machst, desto besser. Das gilt sowohl für MGs als auch für alle, die einen MG in ihrem Leben haben.

Strategie, Signatur und Nicht-Selbst

All das macht MGs besonders schnell beim Umsetzen von Projekten und kaum etwas frustriert sie mehr, als wenn sich ihnen auf ihrer Überholspur Dinge und Menschen in den Weg stellen. Insbesondere dann, wenn sie erfahren, dass ihre Strategie aus dem Reagieren besteht und das natürlich auch immer mit Warten verbunden ist. Wenn ein MG es allerdings schafft, auf die korrekten Impulse im Außen zu warten und dann mit seinem Bauchgefühl zu reagieren, kann er in Lichtgeschwindigkeit alle anderen überholen. Das Problem ist, dass das die wenigstens MGs wirklich schaffen, weil sie sich durch ihre Ungeduld und ihren ständigen Drang, beschäftigt zu sein, oft mit vielen Dingen beschäftigt halten, auf die ihr Bauch vorher überhaupt nicht reagiert hat. Das liegt an dem Mini-Manifestor, den sie an Bord haben. Der wäre nämlich am liebsten schon vorgestern losgesprintet. Es kann für den MG eine lebenslange Aufgabe sein, die zwei sehr unterschiedlichen Geschwindigkeiten von Generator (eher langsamer) und Manifestor (sehr schnell), die sich in ihm vereinen, in die richtige Balance zu bringen.

Wenn MGs es schaffen, ihre Bauchreaktion abzuwarten, bevor sie losrennen, erwartet sie ihre Signatur: die Zufriedenheit und Erfüllung. Dann können sie mit Haut und Haaren in einer Tätigkeit aufgehen, finden neue Abkürzungen auf ihrem Weg oder vereinen zwei oder mehr Themenbereiche, die auf den ersten Blick unvereinbar schienen.

Bereitet eine Tätigkeit jedoch keine Freude mehr, muss der MG sie fallen lassen dürfen. Sich dafür die Erlaubnis zu geben, ist essenziell für den MG, um in die Signatur zu kommen. Ich weiß, dass das für MGs extrem schwierig ist, weil diese kollektive Konditionierung so tief sitzt. Ich selbst habe als MG oft noch einen Struggle damit. Aber wenn du es tatsächlich schaffst, dich von Projekten zu befreien, die du nur noch aus Pflicht- und Schuldbewusstsein am Laufen hältst, wird so viel Energie für anderes frei und das Universum kann dir endlich die richtigen Impulse zum Reagieren schicken, weil deine Aura nicht mehr mit all dem Schrott voll ist, von dem du dachtest, ihn machen zu müssen. Als MG bist du wie ein Wildblumenstrauß, in dem sich zahlreiche unterschiedliche Blümchen wiederfinden und den wir gerade wegen seiner Vielfalt so sehr lieben.

Wenn MGs allerdings ohne vorherige Bauchreaktion initiieren, kann es sein, dass sie ziemlich schnell die Freude an einer Sache verlieren, sich aber trotzdem zwingen werden, sie durchzuziehen, »weil man es ja so macht«. Wenn er sich nicht erlaubt, Projekte fallen zu lassen, wird die Frustration, das Nicht-Selbst-Thema des MGs, immer weiter steigen. Auch der MG kann dann im Burnout landen, auch wenn das Boreout, also die Erschöpfung aufgrund von Langeweile, bei einem MG sogar noch wahrscheinlicher ist. Auch darf man sich als MG davon verabschieden, diese *eine* Sache im Leben zu finden, die einen bis ans Ende seiner Tage erfüllen wird. Dafür bist du als MG nicht auf die Welt gekommen und wozu du berufen bist, kann genauso wild und bunt sein, wie der Blumenstrauß, von dem ich oben gesprochen habe. Denk an Menschen wie Angelina Jolie oder Laura Malina Seiler, die als MG zahlreiche Leidenschaften in den unterschiedlichsten Bereichen ausleben und trotzdem (oder gerade deswegen?) extrem erfolgreich sind.

Die Rakete ohne Pilot

Bevor du das nächste Mal wie eine Rakete ohne Pilot losschließt, frag dich, ob du aus der Reaktion heraus in die Handlung gehst. Wenn dies nicht der Fall ist, erlaube dir abzuwarten, denn es ist immer besser, nichts zu tun, als die falschen Dinge zu tun. Das ist natürlich besonders für den sehr gern beschäftigten MG extrem schwer, weshalb ich dir in diesen Fällen empfehle, den nächstkleinen Schritt zu gehen, der dir Freude bereitet. Möchtest du vielleicht in der Sonne liegen, ein neues Buch lesen oder eine Runde durch den Wald gehen? Dann go for it! Alle Aktivitäten, die dir Freude bereiten, sind korrekt für deine MG-Energie. Denk auch daran, dein Umfeld über deine Aktivitäten auf dem Laufenden zu halten und zu informieren, damit es hier nicht zu Reibungspunkten kommt. Lese dazu gern auch noch den Abschnitt über den Manifestor und seine Strategie des Informierens. Dank des Mini-Manifestors, der bei dir an Bord ist, darfst auch du dir das Informieren zu eigen machen. Wenn du MG mit einer emotionalen Autorität bist, darfst du bei großen Entscheidungen mindestens eine Nacht abwarten, ob das positive Bauchgefühl am nächsten Tag noch da ist, und solltest dich nicht überstürzt zu großen Projekten committen. Lies dir dazu auch das Kapitel zur emotionalen Autorität durch.

Bekannte MGs:
Angelina Jolie, Tony Robbins, Martin Luther King, Mahatma Gandhi, Paulo Coelho

Drei Reflexionsfragen für den MG:

1. Welche Entscheidungen in meinem Leben habe ich mit meinem Bauch getroffen? Welche nicht?
2. Welche Dinge in meinem Leben machen mir am meisten Spaß?
3. Welche Dinge in meinem Leben würde ich am liebsten heute noch wie eine heiße Kartoffel fallen lassen?

Drei Affirmationen für den MG:

- Ich darf mich jederzeit umentscheiden und die Richtung wechseln.
- Meine Bauchstimme ist mein Kompass im Leben.
- Ich erlaube mir, meine Vielseitigkeit auszuleben.

Der Projektor

Der Projektor ist der neueste unter den fünf Human-Design-Typen und es gibt ihn erst seit 1781. In diesem Jahr entdeckte der Astronom Wilhelm Herschel den Planeten Uranus. Ich will gar nicht so sehr ins Detail gehen, wichtig ist nur zu wissen: Durch diese Entdeckung entwickelte sich der Bodygraph weiter und es kam ein neuer Typ auf die Welt: der Projektor. Projektoren können die unterschiedlichsten Charts haben, die jedoch immer zwei Kriterien erfüllen müssen: Das Sakralzentrum ist offen oder undefiniert und es besteht keine direkte oder indirekte Verbindung von einem Motorzentrum zum Kehlzentrum.

Die universelle Aufgabe von Projektoren ist es, die Energien anderer Energietypen (insbesondere von Generatoren und MGs, aber auch von Manifestoren) in die richtigen Bahnen zu lenken und als Koordinator zu fungieren. Ich stelle mir den Projektor gern als den Vogel in der Steppe vor. Während die Zebras, Antilopen und Elefanten durch die Gegend toben und nach dem Wasserloch suchen, kann der Projektor sie vom Himmel aus auf dem schnellsten Weg zum Trinken führen, bevor noch jemand vor lauter Steppentanz verdurstet. Effizienz könnte der zweite Vorname eines Projektors sein, und genau das macht ihn zu einem Leader der neuen Zeit. Während früher vor allem die Qualitäten eines Manifestors in Führungspositionen gefragt waren, sind es heutzutage die Talente des Projektors: Er ist mehr Guide als Herrscher.

Eines der ersten Dinge, die Projektoren hören, wenn sie das Human-Design-System entdecken, ist, dass sie zu den Nicht-Energie-Typen gehören, was laut traditionellem Human Design auch absolut richtig ist. Jedoch können insbesondere Projektoren die unterschiedlichsten Charts aufweisen. Von einem Chart, in der nicht ein einziges Motorzentrum definiert ist, bis hin zu einem, in der ganze drei Motorzentren definiert sein können, ist alles dabei. Dass ein Projektor mit drei Motorzentren eine ganz andere Energie mitbringen wird als einer ohne, erklärt sich wahrscheinlich von selbst.

Außerdem leben wir alle in einer Welt der sakralen Energie, die Projektoren von anderen Generatoren und MGs anzapfen können, um sie kurzzeitig für ihre Arbeit und ihre Projekte zu nutzen. Wichtig ist nur, diese Energien am Ende des Tages zum Beispiel in Form einer energetischen Reinigung loszulassen.

Der Projektor ist nicht dafür designt, acht Stunden am Tag oder gar noch länger zu arbeiten. Er ist nicht derjenige, der Projekte in mehreren Nachtschichten umsetzt. Seine Superpower besteht vielmehr darin, Prozesse zu optimieren, nachdem er von anderen dazu eingeladen wurde - ein Punkt, der absolut essenziell ist und den wir uns gleich bei der Strategie noch genauer anschauen.

Projektoren lieben es außerdem, alle möglichen Systeme zu studieren und zu meistern. Alles, was ihn interessiert, versucht er, zu durchschauen und zu durchdringen, und taucht dadurch mitunter sehr tief in die verschiedensten Thematiken ein.

Strategie, Signatur und Nicht-Selbst

Die Aura des Projektors unterscheidet sich signifikant von der Aura anderer Typen – sie ist sehr fokussiert und läuft spitz zu, sodass der Projektor damit in die Aura anderer »bohren« kann. Falls du gerade denkst, dass das für den anderen nicht sehr angenehm klingt, glaub mir, dass es auch für den Projektor nicht immer einfach ist. Dieser Prozess verläuft absolut unbewusst und kann Projektoren manchmal richtig verzweifeln lassen. Sobald sich die Aura des Projektors nämlich in die Aura des Gegenübers gebohrt hat, scannt er den Fehler im System und erkennt, was beim anderen optimiert und verbessert werden könnte. Welche tollen Ratschläge man erteilen könnte. Aber dreimal darfst du raten, was passieren wird, wenn man seine Einsichten und Lösungsvorschläge ungefragt teilt? Yes, der andere wird sie nicht so richtig gern annehmen. Das kann leicht zu Konflikten führen.

Projektoren haben eine spitze Aura.

Hier kommt die Strategie des Projektors ins Spiel: auf Einladung zu warten. Oh, oh, ich höre schon direkt das Seufzen beim Lesen dieser Zeilen, denn das klingt ja nicht gerade effizient. Darf man denn dann nie wieder etwas ohne Einladung machen? Natürlich darf man! Den Dingen nachzugehen, die dir Freude bereiten, erfordert keinerlei Einladung. Die braucht der Projektor nur, wenn es darum geht, seine Optimierungsvorschläge mit der Welt zu teilen und damit die Energien anderer zu leiten.

Deine beste Freundin erzählt dir von ihrem letzten Date und du spürst in jeder Faser, dass die Story nicht gut ausgehen wird? Dann warte darauf, dass sie dich nach deiner Meinung zu dem Thema fragt, bevor du sie darauf ansprichst. Andernfalls werden deine Ratschläge nicht bei ihr landen und was dann passiert, kennst du bereits zu gut: Die Verbitterung lässt grüßen! Dieses Gefühl ist das Nicht-Selbst des Projektors, das entsteht, wenn er sich mal wieder nicht gesehen, anerkannt und wertgeschätzt fühlt.

Nach nichts sehnst du dich als Projektor mehr als nach Wertschätzung und Anerkennung - in Form von Worten oder anderen Gesten. Bekommen kannst du sie nur, wenn du es schaffst, auf Einladung zu warten.

Nur weil jemand eine Einladung ausgesprochen hat, muss sie aber noch lange nicht korrekt für dich sein. Es geht vor allem darum, inwiefern du dich eingeladen *fühlst*. Deine Autorität darf entscheiden, welche Einladung du annehmen möchtest und welche nicht. Über sie sprechen wir im nächsten Kapitel.

Hast du es als Projektor geschafft, auf die richtige Einladung zu warten, und deine Genialität geteilt, erlebst du Erfolg, was deine Signatur darstellt. Und wie du dir vielleicht denken kannst, ist Erfolg, genau wie jedes andere der Higher-Self-Gefühle, höchst individuell. In der heutigen Zeit wird Erfolg sehr oft mit viel Geld, einem bestimmten Status oder Tausenden Instagram-Followern verknüpft. Aber vielleicht ist es ein Erfolg für dich, von deiner Familie anerkannt und gesehen zu werden. Oder morgens ohne Wecker aufzustehen. Oder mit deinen Freunden ähnlichen Interessen nachzugehen. Was Erfolg ist, kannst nur du ganz allein für dich definieren, und ja, das ist manchmal gar nicht so einfach.

Erfolg wird für dich oft damit verbunden sein, dass du dich in deinen Talenten wertgeschätzt und gesehen fühlst. Damit dies im Außen passieren kann, ist es wichtig, diese Wertschätzung im Inneren zu kultivieren. Die Auseinandersetzung mit den Themen Selbstliebe und Selbstwert ist für Projektoren deshalb unerlässlich.

Bekannte Projektoren:
Barack Obama, John F. Kennedy, Marilyn Monroe, Gary Vaynerchuk, Taylor Swift, Queen Elizabeth II.

Drei Reflexionsfragen für den Projektor:

1. In welchen Situationen fühle ich mich wertgeschätzt und anerkannt? In welchen nicht?
2. Wann neige ich dazu, über meine Energiereserven hinauszugehen?
3. Welche Menschen und Dinge in meiner Umgebung geben mir die meiste Energie?

Drei Affirmationen für den Projektor:

- Ich darf Pause machen.
- Ich ziehe Erfolg magisch an.
- Ich bin ein Leader der neuen Zeit und helfe anderen, ihre Energie in die richtigen Bahnen zu lenken.

Der Reflektor

Der Reflektor ist ein sehr besonderer Typ, der sehr selten vorkommt. Der Anteil an Reflektoren unter den Menschen beträgt nur etwa ein Prozent. Ein Reflektor zeichnet sich außerdem als einziger Typ dadurch aus, dass alle seine Zentren undefiniert oder ganz offen sind. Das macht den Reflektor zum sensibelsten Empfänger von Energien. Kein Wunder also, dass seine universelle Aufgabe darin besteht, das Treiben der anderen Typen zu beobachten und die kollektiven Energien zu spiegeln. In einer alten Zeit waren Reflektoren Medizinmänner und -frauen oder Schamanen. Sie fungierten als wichtiger Teil einer Gemeinschaft, standen mit dieser in Kontakt und wussten, was los ist.

Reflektoren nehmen Energien auf, spiegeln und verstärken sie. Das Wohlbefinden eines Reflektors ist deshalb sehr eng an sein Umfeld geknüpft. Man könnte sogar so weit gehen zu sagen, dass der gesundheitliche Zustand eines Reflektors – sowohl physisch als auch mental – mehr über sein Umfeld und die kollektiven Energien um ihn herum aussagt als über ihn selbst. Ganz schön heftig, oder? Genau das ist auch der Grund, warum sich der Reflektor unbedingt ein Umfeld suchen sollte, in dem er sich sehr wohl-, verstanden und gesehen fühlt. Reflektoren können die physische, mentale und emotionale Gesundheit ihrer Umgebung im wahrsten Sinne des Wortes fühlen und erkennen, was darin funktioniert und was nicht.

Einer ihrer Schmerzpunkte ist, dass sie sich oft nicht als der, der sie im inneren Kern sind, gesehen fühlen. Weil sie für andere als Spiegel fungieren, sehen ihre Gegenüber oft nur sich selbst. Dabei wünschen sich auch Reflektoren, von anderen gesehen und anerkannt zu werden.

Die Offenheit in ihrem Chart führt auch dazu, dass sie die aufgenommenen Energien anderer Menschen im Laufe des Tages unbedingt loslassen müssen und deshalb viel Zeit für sich brauchen. Trotzdem ist soziale Isolation überhaupt nicht gesund für sie. Sie wollen ein Teil der Gemeinschaft sein und darin ihren Platz finden, während sie die Freiheit brauchen, sich zurückziehen zu können. Ihr Rückzugsort sollte so frei von Fremdenergien wie möglich sein. Ein Haus auf einem eigenen Grundstück ist da besser geeignet als ein Hochhaus mitten in der Stadt, wo es schwerfallen könnte, Fremdenergien auszublenden. Aber egal, wo sie sich befinden: Sie sollten sich ihren ganz eigenen Space kreieren können, den sie am besten täglich aufsuchen.

Zudem ist der Reflektor das einzige Mondkind unter den fünf Typen und wie kaum ein anderer vom Mondzyklus geprägt. Der Mond durchläuft in 28 Tagen alle 64 Human-Design-Tore, was bedeutet, dass circa zwei- bis dreimal am Tag ein Wechsel der Mondenergie stattfindet. Dieser Wechsel beeinflusst den Reflektor in seiner Energie, wodurch diese sehr schwankend ist. Vielleicht bist du morgens voller Elan und bereits mittags kraftlos, weil ein Shift stattgefunden hat. Das einfachste Tool, das du dir als Reflektor zunutze machen kannst, ist ein Mondkalender, den du dir heutzutage auch einfach als App aufs Handy laden kannst. Beobachte doch erst einmal, wie sich die einzelnen Mondphasen (Neumond, Vollmond, abnehmender Mond, zunehmender Mond) auf deine Energie auswirken.

Das einzige Mondkind unter den 5 Typen

Ihr lunares Wesen macht Reflektoren zu absoluten Freigeistern. Sie möchten sich in keine Box stecken lassen und täglich aufs Neue entscheiden, wer sie sein wollen. Das ist eine Gemeinsamkeit mit den manifestierenden Generatoren, mit denen sie sich oft gut verstehen. Ich durfte das in den vergangenen Jahren als MG schon oft bemerken.

Ihre Wechselhaftigkeit macht Reflektoren auch zu Menschen, deren energetische Ausstrahlung schwer einzuordnen ist. Dennoch weisen sie fast immer eine ruhige und unaufdringliche Präsenz auf. Sie tasten mit ihrer Aura die Umgebung ab und sind trotz der Offenheit ihres Charts sehr robuste Wesen. Wenn andere Auren die Aura eines Reflektors streifen, werden die Energien abgescannt, ohne zu tief einzudringen.

Strategie, Signatur und Nicht-Selbst

Reflektoren müssen sich mit allem ihre Zeit nehmen. Es ist richtig tragisch, dass das in unserer schnelllebigen Gesellschaft den meisten unmöglich erscheint. Wir sind so sehr auf »höher, schneller, weiter« konditioniert, dass wir gar nicht bemerken, wie weit die Homogenisierung unserer Gesellschaft vorangeschritten ist.

Sich Zeit zu nehmen, bedeutet im Fall des Reflektors, vor Entscheidungen einen ganzen Mondzyklus, also 28 Tage, abzuwarten. Der Zyklus beginnt, sobald ein neues Angebot unterbreitet, eine Einladung ausgesprochen oder eine neue Wohnung besichtigt wurde. Ich sehe dich als Reflektor beim Lesen schon leicht verzweifeln. Wie soll das heutzutage in der Praxis umzusetzen sein? Die ehrliche Antwort ist, dass das ganz bestimmt nicht die einfachste Übung wird. Im nächsten Kapitel, in dem es um die Autorität geht, habe ich für dich ein paar praktische Tipps zusammengefasst, die dir helfen, deine Strategie auch im 21. Jahrhundert zu leben. Denn um es für dich nicht noch komplizierter zu machen, ist deine Strategie als Reflektor auch deine Autorität. Erlaubst du dir diese Zeit und fühlst immer wieder in dich hinein, ob etwas korrekt für dich ist oder nicht, wirst du mit deiner Signatur, der Überraschung, belohnt.

Für die meisten Reflektoren ist eine der schönsten Überraschungen, von anderen dazu eingeladen zu werden, ihre Weisheit, Urteile und Einsichten zu teilen und aus der reinen Beobachterrolle auch mal austreten zu dürfen. Wenn du also (andere) Reflektoren in deinem Leben hast, kann ich dir nur ans Herz legen, diese Menschen dazu zu ermutigen, mitzuteilen, was sie sehen, erkennen und wie sie dazu stehen.

Versuchst du als Reflektor, dich unserer homogenisierten Welt anzupassen, indem du beispielsweise initiierst oder dir zu wenig Zeit lässt, landest du schnell im Gefühl der Enttäuschung, deinem Nicht-Selbst-Thema. Wenn du dich oft enttäuscht fühlst, überlege einmal, ob du dir wirklich die notwendige Zeit für Entscheidungen nimmst, genug Raum und Zeit für dich selbst hast und dich in deinem Umfeld gesehen und anerkannt fühlst.

Reflektoren haben aufgrund ihrer Offenheit im Chart das Potenzial für maximale Weisheit in diesem Leben, und das macht sie für jede Gemeinschaft zu einem riesengroßen Gewinn.

Bekannte Reflektoren:
Sandra Bullock, Teal Swan, Jürgen Klinsmann, Uri Geller

Drei Reflexionsfragen für den Reflektor:

1. Wann und von wem fühle ich mich in meiner Einzigartigkeit gesehen?
2. Welche Menschen, Dinge, Aktivitäten und Orte geben mir die meiste Energie?
3. Wie könnte ich meine Umgebung so gestalten, dass ich mich pudelwohl darin fühle?

Drei Affirmationen für den Reflektor:

- Ich darf mir für alles Zeit nehmen.
- Ich erlaube mir, Pausen zu machen und in meiner eigenen Aura zu sein.
- Ich lasse Dinge, Menschen und Situationen los, die nicht gesund für mich sind.

FALLS DU DICH MAL VERIRREN SOLLTEST – DEINE INNERE AUTORITÄT

Wir alle müssen täglich kleine und große Entscheidungen treffen, und kaum jemand von uns hat gelernt, wie das für ihn oder sie am besten funktioniert. Das ist fatal, weil Entscheidungen unseren Weg im Leben sehr stark prägen. Es macht einen Unterschied, ob du dich nach der Schule dazu entscheidest, zu studieren, eine Ausbildung zu machen oder erst mal für ein Jahr ins Ausland zu gehen. Es macht einen Unterschied, wem du das Jawort gibst. Es macht einen Unterschied, in welcher Stadt, in welchem Stadtteil und sogar in welcher Wohnung du lebst. Eine Entscheidung kann die Weichen für ein komplett anderes Leben stellen. Wäre es da nicht cool, ein Tool an der Hand zu haben, das dir hilft, dich mit *deiner* inneren Entscheidungsweisheit zu verbinden, damit du die für *dich* richtigen Entscheidungen treffen kannst? Ein Tool, das Pro-und-Kontra-Listen überflüssig macht und dich von den Meinungen anderer befreit?

Genau das ist die innere Autorität im Human Design. Sie fungiert wie ein inneres Navi, das du zu Hilfe nehmen kannst, wenn du mal wieder an einem Scheideweg stehst und nicht weißt, ob du links oder rechts abbiegen sollst. Zugleich ist die Autorität neben Typ und Strategie der größte Baustein im Dekonditionierungsprozess. Wenn du es schaffst, diese drei zu verkörpern und zu leben, kannst du bis zu 70 Prozent deiner Konditionierungen auflösen! Wenn das mal kein Argument ist, das Experiment zu starten, dann weiß ich auch nicht. Du kannst mit deinem Verstand noch so tief in das Human-Design-System eintauchen – wenn du es nicht schaffst, Typ, Strategie und Autorität zu leben, wird dich all das mentale Wissen nicht weiterbringen.

Deine innere Autorität ist kein Verstandeskonstrukt, sondern in deiner Körperweisheit angesiedelt. Wenn du mal wieder an einer Kreuzung stehst, meldet sie sich bei dir und sagt beispielsweise: »Bitte links abbiegen!«

Allerdings sind wir Menschen darauf konditioniert, mit dem Verstand zu arbeiten. Das führt dazu, dass wir unsere Autorität gar nicht mehr wahrnehmen können oder ihre Impulse als sinnlos, irrational und unlogisch abtun. Insbesondere dann, wenn wir für die Entscheidung zusätzlich die Meinung anderer einholen. Denn was die wenigsten Menschen wissen, ist, dass sich die innere Stimme bei jedem von uns *anders* äußert. Bei dir kann es ein Bauchgefühl sein, bei deiner Freundin ist es wie eine irrationale Vorahnung und dein Onkel wiederum muss in die Sachen erst mal reinfühlen, bevor er sich ein gutes Bild machen kann. Vielleicht merkst du bereits jetzt, wie wenig Sinn es ergibt, sich von der Meinung anderer beeinflussen zu lassen? Nur wenn du lernst, auf deine innere Stimme zu hören und vor allem auf sie zu vertrauen, ganz egal, was andere von dir halten mögen, wirst du Entscheidungen treffen können, die ganz in *deinem* Sinne sind.

> Die innere Stimme äußert sich bei jedem anders.

In diesem Kapitel wirst du erfahren, wie deine innere Stimme sich zeigt und wie du es schaffst, dich mehr mit ihr zu verbinden und ihr zu vertrauen. Denn egal, wie lange du keine Entscheidung mehr mit deiner Autorität getroffen hast und wie abgekoppelt du dich vielleicht von ihr fühlst – sie ist immer noch da und wartet ganz geduldig darauf, dass du endlich anfängst, ihr zuzuhören.

Die emotionale Autorität

Liebst du es, zu surfen? Nein? Dann werde ich dir das spätestens in diesem Kapitel schmackhaft machen. Denn das ist die Quintessenz dessen, worum es bei deiner Autorität geht: zu lernen, eine Welle zu reiten. Nur dass diese Welle eine emotionale ist und du dich vielleicht noch nicht allzu vertraut mit ihr gemacht hast.

Wenn du eine emotionale Autorität hast, hast du ein definiertes Emotionszentrum und bist jemand, der Emotionen aus sich selbst heraus erzeugt und nichts und niemanden im Außen braucht, um besonders glücklich oder auch besonders traurig zu sein. Es kann sein, dass du morgens aufwachst und extrem schlechte Laune hast, obwohl im Außen alles »perfekt« ist und es keinen augenscheinlichen Grund dafür gibt, schlecht gelaunt zu sein. Das Gleiche gilt natürlich auch umgekehrt. An manchen Tagen sprühst du nur so vor Energie und weißt selbst nicht, woran es liegt.

Und da sind wir bereits bei einem ganz wichtigen Thema aller emotionalen Autoritäten: Sie neigen dazu, sich immer wieder für ihre Emotionen zu rechtfertigen oder nach Gründen im Außen zu suchen, warum sie gut oder schlecht gelaunt sind. Wenn du nur eine Sache aus diesem Kapitel für dich mitnimmst, dann bitte diese: Hör ab heute damit auf! Du musst dich nicht dafür rechtfertigen, dass du eine bestimmte Emotion fühlst und dass sich deine Emotionen ohne scheinbaren Grund verändern. In dir läuft ein biochemischer Prozess ab, der diese Welle erzeugt. Und Wellen haben nun mal Höhen und Tiefen.

Das hat Auswirkungen auf deinen Entscheidungsfindungsprozess: Wenn es Höhen und Tiefen in dieser Welle gibt, kann und sollte man keine Entscheidung im Hier und Jetzt treffen, weil es keine Wahrheit im Jetzt gibt. Stattdessen ist es für alle emotionalen Autoritäten essenziell, über wichtige Entscheidungen mindestens eine Nacht zu schlafen. Vielleicht kennst du das aus der Vergangenheit, wenn du dich zu vorschnellen Entscheidungen in einem Hoch oder Tief deiner Welle hast mitreißen lassen und diese anschließend bereut hast? Das liegt daran, dass sie nicht aus deiner Autorität heraus getroffen wurde.

Die emotionale Autorität ist sehr komplex und braucht Zeit, um in eine Entscheidung hineinzufühlen. Erst dann kannst du zu emotionaler Klarheit gelangen.

Wenn du eine Wohnung am frühen Morgen in einem Hoch deiner Welle besichtigst, kann es sein, dass du rausgehst und total begeistert bist. Das Treppenhaus, die Küche und das Esszimmer sahen einfach unschlagbar schön aus! Wenn du dann abends im Bett liegst und deine emotionale Welle ihre Fahrt Richtung Abgrund antritt, werden dir auch die negativen Seiten dieser Wohnung ins Bewusstsein kommen: Das Badezimmer war schon ziemlich in die Jahre gekommen und der Boden hat bereits bessere Tage gesehen.

Das ist die Superpower der emotionalen Autorität: Wenn du an jedem Punkt deiner Welle in einen Sachverhalt hineinfühlst und somit sowohl das Für als auch das Wider erkennst, bekommst du ein sehr umfassendes Bild und kannst eine sehr fundierte Entscheidung treffen.

Nachdem du die Hochs und Tiefs durchlaufen hast, wirst du dich in der Mitte einpendeln und zu einer Art emotionalen Klarheit gelangen. Das ist der perfekte Moment, um deine Entscheidung zu treffen. Das Badezimmer ist zwar alt, denkst du dann vielleicht, aber das stört mich nicht. Wohnzimmer und Küche sind so schön, dass du die Wohnung trotzdem willst. Oder du erkennst, dass du ungern jeden Morgen in der alten Dusche stehen möchtest und lieber weitersuchen solltest.

Durch dieses mögliche Abwägen kann es auch sein, dass du nie zu hundertprozentiger Klarheit gelangst, da dir die negativen Seiten einer Entscheidung immer bewusst werden können. Und auch das ist völlig okay. Wenn du dir in der emotionalen Klarheit mindestens 70 bis 80 Prozent sicher bist, wird es die richtige Entscheidung für dich sein.

Eine Sache solltest du aber definitiv noch im Blick haben: Lass dich niemals von anderen Menschen zu Entscheidungen drängen. Wenn jemand von dir eine schnelle Entscheidung verlangt, wird diese immer negativ ausfallen müssen. Wenn dich der Vermieter also direkt vor Ort drängt, Ja oder Nein zu der Wohnung zu sagen, ist es nicht die richtige Wohnung für dich. Das mag etwas radikal klingen, aber tatsächlich ist es für dich nur richtig, wenn du dich lang genug einfühlen durftest, bevor du dich dafür entscheidest. Und dabei ist es völlig egal, ob es sich um eine neue Wohnung, einen neuen Lebenspartner oder einen neuen Job handelt.

Lass dich niemals zu schnellen Entscheidungen drängen!

Natürlich gibt es Situationen, die schnelle Entscheidungen erfordern, im Straßenverkehr zum Beispiel. Für diese und auch alle anderen kleineren Entscheidungen deines Lebens musst du deine emotionale Welle natürlich nicht durchlaufen und auf Klarheit warten. Was du tagtäglich isst, anziehst oder wann du das Katzenklo säuberst, kannst du jederzeit spontan entscheiden. Wahrscheinlich war dir das eh klar, aber weil mir diese Frage oft gestellt wird, möchte ich das hier nicht unerwähnt lassen.

Bist du ein manifestierender Generator oder Generator mit einer emotionalen Autorität, wird dein Bauchgefühl dir immer einen ersten Impuls geben. Hier ist es besonders wichtig, trotzdem die emotionale Welle im Anschluss abzuwarten. Für Manifestoren kann die emotionale Autorität sehr herausfordernd sein, weil diese ja direkt loslegen und initiieren wollen, in diesem Fall allerdings erst mal abwarten müssen, bis sich die emotionale Klarheit einstellt. Projektoren mit einer emotionalen Autorität dürfen sich vor allem die Zeit nehmen, in die Einladungen, die sie erhalten, reinzufühlen, um nur solche anzunehmen, die sich für sie auch gut anfühlen.

Die sakrale Autorität

Hier geht es um das reine Bauchgefühl, welches das eigene innere Navi darstellt. Diese Autorität können nur Generatoren oder manifestierende Generatoren haben, weshalb diese Autorität mit deren Strategie eng verknüpft ist. Bist du ein MG mit sakraler Autorität, empfehle ich dir, auch noch einmal das Kapitel zu den Generatoren zu lesen, falls du es noch nicht getan hast.

Im Gegensatz zur emotionalen Autorität, die ihre Zeit braucht, ist die sakrale Autorität sehr spontan und sprunghaft und weiß sofort im Hier und Jetzt, ob etwas das Richtige ist oder nicht. Das gilt auch für die großen Entscheidungen des Lebens, also auch bei einem neuen Job, einem neuen Lebenspartner oder einer neuen Wohnung.

Diese Autorität funktioniert aus der Reaktion heraus. Sobald der Bauch positiv reagiert hat, kann es direkt losgehen. Die positive Reaktion äußert sich wie schon gesagt oft als ein angenehmes, wohliges Bauchgefühl, ein Kribbeln und insgesamt dadurch, dass man sich in diese Richtung hingezogen fühlt. Es kann auch ein großes Feuerwerk in der Bauchgegend sein, ein richtig großes »Hell, yes!«. Aber auch ein subtiles, dennoch sehr klares Ja signalisiert, dass man in die entsprechende Richtung abbiegen sollte.

Eine negative Reaktion fühlt sich dagegen sehr unangenehm in der Bauchgegend an. Vielleicht zieht sich in einem alles zusammen oder man fühlt einen imaginären Schlag in die Magengrube. Bei einem sehr klaren Nein wird oft der Impuls entstehen, sich aus der entsprechenden Situation zu entfernen. Das ist das Zeichen deines Navis, dass du in diese Richtung lieber nicht abbiegen solltest.

Zwischen »Hell, yes!« und »Hell, no!« liegen allerdings auch sehr viele Graustufen. Das ist ein Spielraum, den die meisten nicht so richtig für sich deuten können, und sie fangen an, rationale Argumente abzuwägen. Wenn du dich mal wieder dabei erwischen solltest, deine Entscheidung zu rationalisieren, wäre meine Empfehlung, das Ganze lieber als ein Nein oder »jetzt noch nicht« zu betrachten und zu vertagen. Es ist die größte Herausforderung bei der sakralen Autorität, seinem Bauchgefühl zu vertrauen und nicht zu versuchen, logische Argumente für Entscheidungen zu finden. Das Sakral kennt nämlich keine Logik. Mehr Geld, eine kürzere Fahrtzeit zur neuen Arbeitsstelle oder viele Vergünstigungen sind nicht das, was es

Das Sakral kennt keine Logik

zum Hüpfen bringt. Vielmehr sind es Freude, Zufriedenheit und Erfüllung, die es anziehend findet.

Je mehr du dein Bauchgefühl in alltäglichen kleinen Entscheidungen trainierst, desto leichter wird es dir fallen, deine sakrale Reaktion bei großen Entscheidungen richtig einzuschätzen. Lese gerne noch einmal das Kapitel zur Strategie der Generatoren und MGs, dort gebe ich Tipps, wie das gelingen kann.

Und wenn du dich mal wieder dabei erwischen solltest, wie du deine Entscheidung versuchst, zu rationalisieren, wäre meine Empfehlung, dass du das Ganze lieber als ein Nein oder »jetzt noch nicht« betrachtest und vertagst. Es kann nämlich gut sein, dass du zu einem späteren Zeitpunkt noch einmal die Möglichkeit bekommst, auf diese Sache zu reagieren, und die Reaktion dann ganz eindeutig positiv oder negativ ausfällt.

Oft machen Generatoren und MGs aus einem »Ich weiß nicht« (was eigentlich ein sakrales Nein oder »jetzt noch nicht« ist) aus Pflicht- und Schuldbewusstsein ein Ja und stellen im Laufe des Prozesses fest, dass ihnen die Energie für das Projekt ausgeht. Trau dich also, lieber einmal mehr Nein zu sagen, wenn du unsicher bist, anstatt dich aus einer falschen Intention heraus zu etwas zu verpflichten, was nicht für dich gedacht ist. Du wirst staunen, wie sich plötzlich ganz neue Türen öffnen, auf die das Sakral positiv reagieren kann, wenn du den Mut hast, zu deinem Bauchgefühl zu stehen und entsprechende Grenzen zu setzen. Hilfreich sind auch geschlossene Ja-Nein-Fragen, wie du es bereits vom Generator und manifestierenden Generator kennst, um die Reaktion des Sakralzentrums, das mit dieser Autorität verbunden ist, zu trainieren. Dabei kann man selbst oder ein

Trau dich, Nein zu sagen

entsprechendes Gegenüber bereits an der eigenen Mimik und den sakralen Lauten oft schon erkennen, ob es sich um ein Ja oder ein Nein handeln wird.

Wie du ja weißt, kennt das Sakral keine Logik, und so kann es sogar gut sein, dass das Bauchgefühl positiv auf etwas reagiert, was der Verstand total daneben findet, und man sich selbst fragt: »Warum möchte ich nur diesen Job, obwohl er viel schlechter bezahlt ist als der andere?«. Hier ist es extrem wichtig, sich das dann trotzdem zu erlauben und dafür loszugehen, auch wenn der Verstand sich noch sträuben sollte. Je mehr du dein Bauchgefühl in den alltäglichen kleinen Entscheidungen mit geschlossenen Fragen trainierst, desto leichter wird es dir fallen, deine sakrale Reaktion bei großen Entscheidungen richtig einzuschätzen.

Die Milz-Autorität

Das Milzzentrum ist das älteste Zentrum im Human-Design-Chart und sehr stark mit unseren Sinnen verbunden – ein kalter Schauer über den Rücken, ein unangenehmer Geruch in der Nase, eine Ungereimtheit auf dem Nachhauseweg, die dir auffällt. All diese Sinneswahrnehmungen sind Impulse, die deine Milz dir schickt, weil sie dein Überleben sichern möchte. Unsere Steinzeit-Vorfahren mussten die Lage *sofort* richtig einschätzen können, sobald sie ihre Nase aus der sicheren Höhle gesteckt hatten. Das Überhören des Raschelns im Gebüsch konnte den sicheren Tod bedeuten. Diese Autorität ist daher die schnellste von allen Autoritäten und kann sehr impulsiv sein. Die Milzimpulse können wie aus dem

Nichts auftauchen. Eine leise Stimme, die dir zuflüstert: »Geh da jetzt nicht lang!«, und dann wieder verstummt. Das ist auch die Krux an der Sache: Die Milz spricht meist nur einmal und der Impuls ist genauso schnell wieder weg, wie er gekommen ist.

Aus diesem Grund ist es extrem wichtig, zu lernen, der eigenen Milz zuzuhören und diese feine Intuition wahrzunehmen, auch wenn sie noch so irrational erscheint. Vielleicht merkst du beim Urlaub in einem 5-Sterne-Hotel bereits in der Lobby, dass hier irgendetwas nicht stimmt. Dir läuft ein Schauer über den Rücken und eigentlich würdest du diesen Ort gern sofort wieder verlassen. Du machst es nicht, denn du hast einen vierstelligen Betrag für die fünf Tage ausgegeben und die Reise nur aufgrund eines Gefühls abzubrechen, erscheint dir absolut unlogisch und verrückt. Das verstehe ich absolut! Es ist nicht einfach, seiner Intuition zu vertrauen, wenn sie genau das Gegenteil von dem machen möchte, was der Verstand geplant hat. Ich kann dir nur ans Herz legen, es trotzdem zu probieren. Es gibt einen Grund, warum deine Milz nicht in dieses Hotel möchte, und vielleicht wirst du dort nicht den unbeschwerten, traumhaften Urlaub verbringen, den du dir vorstellst.

Eine sanfte Methode, dich wieder mit deiner Milz zu verbinden, ist ein Milz-Journal. Du musst dir dafür nicht einmal ein neues Heft kaufen, es reicht auch die Notizen-App deines Handys, welches du wahrscheinlich sowieso immer griffbereit hast. Dort trägst du deine Milzimpulse erst mal einfach nur ein. Du musst sie nicht bewerten oder schon nach ihnen handeln. Im Nachhinein reflektierst du die Situationen und Entscheidungen. Hat sich dein Milzimpuls bewahrheitet oder nicht? Wie ist die Sache ausgegangen?

Weil die Milz so leise ist, musst du auch lernen, all den Lärm um dich herum auszuschalten, um sie zu hören. In eine stille Meditation zu gehen, kann dir dabei helfen. Wenn das Wirrwarr an Gedanken sich langsam anfängt, wie Sandkörner in einem Wasserglas zu setzen, und die Flüssigkeit immer klarer wird, können die leisen Milzimpulse besser zu dir durchdringen. Wenn das geschieht, notiere dir auch diese Impulse, um später über sie zu reflektieren.

Beherrschst du es, deiner Milz zuzuhören, und hast du gelernt, ihr zu vertrauen, bist du in der Lage, extrem schnelle Entscheidungen im Hier und Jetzt zu treffen. Ob es sich um einen neuen Job, einen neuen Partner oder eine neue Wohnung handelt, du kannst deiner Intuition vertrauen. Der einzige Fehler, den du machen kannst, ist, ihre Impulse zu rationalisieren.

Die Milz-Autorität ist Projektoren und Manifestoren vorbehalten. Projektoren verhilft sie zu einem sehr feinen zwischenmenschlichen Gespür, mit dem sie intuitiv in eine Einladung hineinspüren können. Manifestoren macht sie zu den schnellsten von allen. Sie können mit ihr direkt in einer Staubwolke verschwinden, sobald ein Impuls sie erreicht hat. Umso wichtiger ist es für Milz-Manifestoren, ihrer Strategie zu folgen und ihr Umfeld zu informieren, bevor sie sich auf und davon machen.

Die schnellste Autorität von allen

Eine Sache, die ich abschließend noch erwähnen möchte, ist, wie es sich verhält, wenn dir die Milz als Organ fehlt und du aber eine Milz-Autorität hast. Das ist tatsächlich überhaupt kein Problem, da deine energetische Milz trotzdem da ist und dir die entsprechenden Impulse schickt.

Die Ego-Autorität

Auch wenn das vielleicht etwas merkwürdig klingen mag, ist es mit dieser Autorität wichtig, »egoistische« Entscheidungen zu treffen. Das Herzzentrum, von dem diese Autorität ausgeht, ist der Sitz unserer Willensstärke. Ist dieses Zentrum definiert, ist ein angemessener Energieaustausch innerhalb einer Gemeinschaft wichtig, denn die Willensstärke aus diesem Zentrum möchte nicht immer nur geben, sondern auch nehmen. Menschen mit einem definierten Herzzentrum sind oft bereit, sehr viel für andere, insbesondere für die eigene Familie, den Beruf und die Gemeinschaft, zu tun. Das Herzzentrum möchte dafür allerdings auch angemessen entlohnt werden. Deshalb ist es für dich mit einer Ego-Autorität bei großen Entscheidungen wichtig, dir die Frage zu stellen, was für dich dabei rausspringt. Werden auch deine Bedürfnisse erfüllt oder fühlt es sich unausgeglichen an? Muss dein Herzzentrum zu viel Energie reinstecken, ohne dass du am Ende so richtig was davon hast? Wenn dem so sein sollte, wird sich der Deal für dich nicht gut anfühlen und die Sache nicht richtig für dich sein.

Hast du drei verschiedene Jobangebote auf dem Tisch, kann es für dich absolut korrekt sein, dich für dasjenige zu entscheiden, welches dir mehr Geld, Status und Macht bringt. Das kann in unserer Gesellschaft mitunter sehr verpönt sein, ganz besonders, wenn du eine Frau bist und doch eigentlich das Mütterliche, Nährende und Gebende verkörpern solltest. Wie kannst du nur mehr Geld, Status und Macht haben wollen? Ganz schön egoistisch von dir! Die Bedürfnisse anderer zu erfüllen und sich dabei selbst zu vergessen, ist in unserer Gesellschaft vor allem für Frauen ein solches Idealbild, dass diese Autorität eine große

Herausforderung sein kann. Hauptsächlich für seine eigenen Wünsche und Bedürfnisse einzustehen, kann viele Menschen im eigenen Umfeld triggern, was der Grund dafür ist, dass sich viele nicht trauen, Entscheidungen aus ihrer Ego-Autorität heraus zu treffen. Aber es lohnt sich sehr, in sich hineinzuhorchen und sich die Frage zu stellen, was man für sich selbst möchte. Was das eigene Herz eigentlich wirklich will. Und ob sich der Deal, der mit einer Entscheidung einhergeht, auch gut anfühlt.

Diese Autorität ist genau wie die Milz-Autorität nur bei Projektoren und Manifestoren vorzufinden. Ein Ego-Manifestor muss die Möglichkeit bekommen, seine Wahrheit zu sprechen, und trägt sein Herz im wahrsten Sinne des Wortes auf der Zunge. Deshalb kann es für dich als Ego-Manifestor im Entscheidungsfindungsprozess sehr hilfreich sein, dir selbst beim Reden zuzuhören.

Bist du ein Projektor mit einer Ego-Autorität, ist es dagegen wichtig, dass du dich gesehen und eingeladen fühlst, wenn du dich für etwas entscheidest. Auch du solltest dir zeitgleich immer die Frage stellen, was für *dich* drin ist, wenn du dich für eine Option entscheidest. Ist der Energieausgleich stimmig und wirst du den Willen und die Kraft für das Unterfangen haben? Dann go! Fühlst du dich nicht anerkannt und hast das Gefühl, dass deine Energie nicht angemessen ausgeglichen wird, lass lieber die Finger davon.

Was springt für mich dabei raus?

Die selbst-projizierte Autorität

Dies ist eine reine Projektor-Autorität. Hast du diese Autorität, kannst du deine Entscheidungen am besten treffen, wenn du über die Optionen redest. Das bedeutet auch, dass du deine Entscheidungen nicht spontan treffen kannst, sondern sich die richtige Option erst über die Zeit zeigen wird.

Über deine Stimme bringst du deine Identität zum Ausdruck, weil dein G-Zentrum mit deinem Kehlzentrum verbunden ist. Während der Entscheidungsfindung ist sie dein Kompass. Du solltest sie in Gesprächen mit vielen unterschiedlichen Menschen nutzen, um herauszufinden, was für dich richtig ist. Wichtig ist jedoch, dass dein Gesprächspartner oder deine Gesprächspartnerin dir vor allem zuhört und nicht den eigenen Senf dazugibt und versucht, dich zu beeinflussen. Die Kirsche auf der Sahnetorte wäre natürlich ein Gegenüber, das dir den Klang deiner Stimme widerspiegeln kann. Dies ist entscheidend, wenn es darum geht, herauszufinden, ob etwas zu dir passt oder nicht. Klingt deine Stimme klar und begeistert oder gepresst und gedrückt, wenn du über etwas sprichst? Sprichst du sicher oder bricht deine Stimme beim Reden? Es gehört eine große Portion Selbstbeobachtung dazu, mit dieser Autorität umzugehen und mit ihr gute Entscheidungen treffen zu können.

Weil Menschen mit dieser Autorität ein sehr stark ausgeprägtes Identitätsgefühl haben und Authentizität ihnen wichtig ist, ist es für sie essenziell, sich in ihren Entscheidungen immer auch selbst zu erkennen. Passt diese Entscheidung zu meiner Identität und zu meinen Werten? Bin das *ich*? Das sind Fragen, die du dir stellen kannst, während du dir die Zeit und den Raum gibst, über deine Entscheidung zu sprechen. Wenn du dich selbst in einer Entscheidung nicht wiederfinden kannst und dich verstellen müsstest, um in einen bestimmten Job oder zu einem bestimmten Partner zu passen, wird das nicht das Richtige für dich sein. Deine Identität authentisch ausleben und in alle Lebensbereiche einfließen lassen zu können, ist für dich unerlässlich.

Falls du niemanden in deinem Umfeld hast, der neutral zuhören kann, oder diese Menschen gerade keine Zeit haben, gibt es in unserem digitalen Zeitalter auch einen anderen Lifehack für diese Autorität: dir selbst Sprachnachrichten zu schicken! Das Sprechen allein kann schon ausreichen, um zu erkennen, ob etwas passt oder nicht. Aber es kann auch sehr hilfreich sein, in seine eigenen Sprachnachrichten reinzuhören und den Klang der eigenen Stimme zu analysieren.

Die mentale Autorität

Du bist etwas ganz Besonderes! Die mentale Autorität ist die seltenste aller Autoritäten. Weniger als ein Prozent der Menschen auf der Welt besitzen sie. Weil sie so selten ist, kann sie extrem herausfordernd sein. Du hast kein Zentrum im Inneren deines Körpers, das dir als Kompass dienen kann, so wie es bei den zuvor beschriebenen Autoritäten der Fall ist.

Je nach Chartrechner wird deine Autorität manchmal auch als »keine innere Autorität«, »Umgebungsautorität« oder »äußere Autorität« bezeichnet, was insbesondere für Einsteiger sehr verwirrend sein kann. Alle Bezeichnungen meinen aber dasselbe.

Weil im Inneren deines Körpers eine große energetische Offenheit herrscht, bist du hochsensibel, was deine Umgebung angeht. Wie ein Sensor nimmst du alle für dich wichtigen Informationen aus der Umgebung auf. Um richtige Entscheidungen treffen zu können, solltest du sie in aller Ruhe verarbeiten können.

Menschen mit mentaler Autorität brauchen viel Zeit, um sich in Räume, Situationen und Menschen hineinzufühlen. Sie müssen die Optionen einer Entscheidung eigentlich erst einmal eine Weile ausprobieren, um zu wissen, was sich richtig anfühlt.

Einmal Probearbeiten und dann den Arbeitsvertrag direkt unterschreiben, könnte sich für dich also als schwierig gestalten. Aber vielleicht kannst du ja eine ein- bis dreimonatige Probephase für beide Seiten vereinbaren, sodass du genügend Zeit erhältst, eine für dich richtige Entscheidung zu treffen. Und vielleicht lässt sich ein neuer Vermieter darauf ein, dass du mal für ein paar Stunden in der Wohnung bleiben kannst, um deren Vibes zu spüren. Da bei dieser Autorität das Ajna-Zentrum, also der Sitz unseres Verstandes, definiert ist, kann es sein, dass du dazu neigst, deine Entscheidungen aus dem Verstand heraus zu treffen. Das ist natürlich nicht besonders förderlich, weil es darum geht, auf Grundlage deiner möglichen neuen Umgebung zu entscheiden. Wie fühlt sich diese Umgebung an? Wie fühlen sich die Menschen und die Energien darin an? Fühle ich mich in dieser Umgebung (als Projektor) eingeladen und anerkannt? Das alles können hilfreiche Fragen für die mentale Autorität sein.

Eine weitere große Herausforderung ist, dass wir bei Entscheidungen heutzutage oft unter Druck gesetzt werden, weil unsere Welt einfach sehr schnelllebig ist. Druck wird sich für dich wahrscheinlich nicht gut anfühlen. Eine Umgebung, in der dir Druck gemacht wird, ist also keine, in der du sein solltest. Die Qualität deines Lebens hängt wirklich sehr stark von deiner Umgebung ab und du darfst sehr wählerisch damit sein, welche Umgebung und welches Umfeld du dir kreierst.

Was dir, ähnlich wie dem Projektor mit selbst projizierter Autorität, außerdem helfen kann, ist das Sprechen über deine Entscheidung. Dein Gegenüber sollte dabei vor allem zuhören und dir Raum geben; er oder sie fungiert als eine Art Resonanzbord, ohne dich beeinflussen zu wollen. Wenn niemand da ist, kannst du dir auch selbst Sprachnachrichten schicken und sie anhören.

Die lunare Autorität

Die lunare Autorität gehört unserem Mondkind, dem Reflektor. Sie ist gleichzeitig auch seine Strategie. Wie du bereits erfahren hast, bist du als Reflektor stark abhängig vom Mond und solltest daher vor jeder größeren Entscheidung einen Mondzyklus abwarten. Lass dich dabei nicht unter Druck setzen, es ist wichtig, dass du deine Optionen in diesen 28 bis 29 Tagen immer wieder neu betrachten und mit anderen Menschen besprechen kannst. Die Umgebung ist für Reflektoren in dieser Entscheidungsfindung essenziell. In der richtigen Umgebung wirst du einerseits die Möglichkeit bekommen, dich mit anderen auszutauschen – insbesondere mit Menschen, die nicht beeinflussend eingreifen – und so verschiedene Blickwinkel zu betrachten, und andererseits genug Zeit und Raum haben, für dich allein in wichtige Entscheidungen hineinzufühlen.

Am Ende des Mondzyklus› kannst du so ein ganz tiefes inneres Wissen darüber erlangen, ob etwas das Richtige für dich ist oder nicht. In diesem Prozess kann es hilfreich sein, einen Mondkalender an der Hand zu haben und zu reflektieren, wie sich die Entscheidung im Laufe der Mondphasen verändert. Der Mondzyklus beginnt ab dem Moment, in dem du das erste Mal mit einem neuen Projekt oder Angebot in Berührung kommst.

Falls du dich gerade fragst, wie es in unserer Welt möglich sein soll, sich so lange Zeit mit einer Entscheidung zu lassen, möchte ich dir hier anhand von drei wichtigen Entscheidungen ganz konkrete Tipps geben, wie das gelingen kann.

Wohnungssuche als Reflektor

Angenommen, du möchtest umziehen und hältst nach einer neuen Wohnung Ausschau. Dann würde ich dir empfehlen, noch bevor du dir Wohnungen anschaust, so viel Zeit wie möglich in den Stadtteilen, in denen du dir vorstellen kannst zu wohnen, zu verbringen, um die Energien der Umgebung in dich aufzunehmen und zu reflektieren. Ganz besonders wenn es eine neue Stadt oder sogar ein neues Land sein sollte. Mach dort mindestens einmal Urlaub, im Optimalfall natürlich über 28 Tage, aber auch jede andere Zeitspanne, die du einrichten kannst, ist hilfreich. Wenn du bereits ganz genau weißt, in welche Stadt und in welchen Stadtteil es gehen soll, dann ist es für dich wichtig, so konkret wie möglich zu definieren, welche Ausstattungsmerkmale an einer Wohnung unverhandelbar sind, damit du dich wohlfühlst. Du kochst gern und verbringst viel Zeit in der Küche? Dann sollte das ein Ort sein, an dem du dich sehr wohlfühlst und es sollten hier keine Kompromisse eingegangen werden. Vielleicht ist dir auch ein Sonnenbalkon wichtig, aber die Anzahl der Zimmer egal? Was auch immer es ist: Sei ehrlich zu dir selbst und habe keine Angst, zu wählerisch zu sein. Ich verspreche dir, dass dadurch sehr viele Wohnungen von vornherein nicht infrage kommen werden. Aber wenn du dann doch ein Schmuckstück gefunden hast, das deine wichtigsten Kriterien erfüllt, wirst du mit einem viel besseren Gefühl eine Zusage abgeben können, für die du keine 28 Tage Bedenkzeit hattest. Denn so schön diese Vorstellung klingt, gerade in Großstädten ist sie leider absolut unrealistisch, weil teilweise mehrere Tausend Bewerber auf eine Wohnung kommen.

Achte bei Mietverträgen außerdem unbedingt darauf, dass sie keine Mindestmietdauer haben, damit du jederzeit mit der gesetzlichen Kündigungsfrist von drei Monaten den Mietvertrag kündigen kannst. Stell dir vor, du ziehst in eine Wohnung und stellst nach ein, zwei Monaten fest, dass du dich absolut unwohl fühlst, dir die Nachbarschaft viel zu laut ist oder deine Erwartungen doch nicht erfüllt wurden. Hab den Mut, dann auch zu kündigen! Deine mentale und physische Gesundheit leiden, wenn du in einer Umgebung bist, die dir nicht zusagt.

In einem neuen Job empfehle ich dir, eine Probezeit von mindestens ein bis drei Monaten zu vereinbaren. Das gibt dir die Freiheit, mindestens 28 Tage in das Arbeitsumfeld hineinzufühlen und dich dann endgültig zu entscheiden.

Und last, but not least die Liebe: Deine Kennenlernphase darf in Beziehungen ruhig etwas länger ausfallen, in jedem Fall solltest du dir und auch hier die 28 Tage Bedenkzeit lassen, bevor du eine neue Partnerschaft eingehst. Glücklicherweise darf und sollte hier der Zeitdruck auch nicht so ausgeprägt sein wie beispielsweise bei einer neuen Wohnung. Ob dein neues Date auch Partnerpotenzial hat, kannst du als Reflektor bereits daran erkennen, ob diese Person dich unter Druck setzt und drängt (dann wird es nicht korrekt sein) oder ob dieser Mensch bereit ist, dir Zeit zu geben, ohne dich zu vorschnellen Entscheidungen zu drängen.

Wenn ich dir nur eine Sache mit auf den Weg geben kann, dann dass du dich bloß nicht hetzen lassen solltest in einer Welt, die permanent höher, schneller, weiter hinaus möchte. Reflektoren und ihre Autorität erinnern uns alle daran, dass es von Zeit zu Zeit wichtig ist, innezuhalten, Pause zu machen und auch mal Ruhe und Langsamkeit in unser Leben einzuladen.

PROFILE

Was beschreibt das Profil?

Vielleicht erinnerst du dich noch, dass weder der Typ noch die Strategie eine konkrete Aussage darüber treffen, was für eine Persönlichkeit du hast. Aussagen darüber finden wir in den zwölf Profilen.

Dein Profil kannst du dir wie eine Art Kostüm auf der Bühne des Lebens vorstellen, auf der du eine ganz bestimmte Rolle einnimmst. Das kennst du bestimmt auch vom Theaterbesuch: Es gibt die Rolle des Helden, des Lustigen oder des Schurken. Ganz so plakativ und simpel ist es im Human Design nicht, aber trotzdem trägt jeder von uns archetypische Charaktereigenschaften in sich, die sich aus der Kombination der Profillinien ergeben. Diese Eigenschaften bestimmen deine Rolle im Leben, auch wenn es eine ist, in die du manchmal noch hineinwachsen darfst.

Jedes Profil kann übrigens mit allen Typen und Autoritäten kombiniert werden. Oft fühlen wir uns mit Menschen, die das gleiche Profil haben, viel verbundener als mit solchen, mit denen wir den Typ oder die Autorität teilen. Außerdem trägt jedes Profil eine Dualität in sich und zeigt dadurch ganz deutlich auf, dass wir keine eindimensionalen, sondern sehr vielschichtige Wesen sind, die sich im Leben auch mal hin- und hergerissen fühlen.

Die Dualität wird bereits an den Bezeichnungen der Profile deutlich, da diese immer aus zwei Zahlen bestehen, also zum Beispiel 3/5 oder 6/2.

Folgende zwölf Profile gibt es im Human Design:
1/3, 1/4, 2/4, 2/5, 3/5, 3/6, 4/6, 4/1, 5/1, 5/2, 6/2, 6/3.

Schau dir am besten direkt an, welches Profil du hast, und merke dir beide Zahlen. Diese Zahlen sind nicht willkürlich gewählt, sondern stehen für die sechs Linien des Hexagramms aus dem I Ging, die wir uns erst noch genauer anschauen, bevor wir jedes einzelne Profil betrachten.

Woraus besteht das Profil?

Vielleicht erinnerst du dich noch an die Einführung und daran, dass das I Ging eine der vier Weisheiten ist, auf denen das Human-Design-System basiert. Im Zentrum des I Ging stehen sogenannte Hexagramme. Jedes Hexagramm besteht aus sechs Linien, die durchgezogen oder unterbrochen sein können. Die verschiedenen Kombinationen von durchgezogenen und unterbrochenen Linien ergeben insgesamt 64 Hexagramme, die jeweils für ein eigenes Thema stehen. Diese 64 Hexagramme sind die Grundlage für die 64 Tore im Human Design. Was hat das aber mit dem Profil zu tun? Jede der sechs Linien steht außerdem für eine archetypische Charaktereigenschaft. Dein Profil setzt sich aus zwei dieser sechs Profillinien zusammen:

- Linie 1 = Forscher
- Linie 2 = Einsiedler/Naturtalent
- Linie 3 = Abenteurer
- Linie 4 = Netzwerker

* Linie 5 = Held
* Linie 6 = Rollenvorbild

Im Profil kommen zwei der sechs Linien in unterschiedlichen Kombinationen zusammen, woraus sich insgesamt zwölf verschiedene Profile ergeben. Warum es nicht mehr sind, hat mit dem Zusammenspiel der bewussten und unbewussten Seite des Charts zu tun, doch dies in der Tiefe zu erklären, würde den Rahmen dieses Buches sprengen. Für dich ist es nur wichtig, zu wissen, welches Profil du hast und welche archetypischen Eigenschaften miteinander verwoben sind. Wenn du dein Profil gerade zur Hand hast, kannst du deine beiden Archetypen schon ablesen. Das Profil 4/6 steht zum Beispiel für Netzwerker/Rollenvorbild, während das Profil 1/3 für Forscher/Abenteurer steht.

Die Zahl auf der linken Seite zeigt den bewussten Archetypen an, während die Zahl auf der rechten Seite den unbewussten Archetypen anzeigt. Bewusste Potenziale können wir bei uns selbst identifizieren und uns darin wiederfinden - wir sind uns ihrer im wahrsten Sinne des Wortes bewusst. Die unbewussten Charaktereigenschaften sind uns dagegen oft schwieriger zugänglich und werden eher von anderen Menschen in uns gesehen, weil wir dieses Potenzial unbewusst ausstrahlen, ohne es wirklich bewusst steuern zu können. Beim Profil 6/2 beispielsweise wäre die 6 bewusst und die 2 unbewusst. Das archetypische Potenzial der sechsten Linie, also das Rollenvorbild, wäre etwas, in dem sich die Person auch selbst wiederfindet. Die archetypische Charaktereigenschaft der zweiten Linie, des Einsiedlers und Naturtalents, wäre also vor allem etwas, was andere Menschen in dieser Person sehen, während sie selbst das nicht richtig greifen kann.

Die Bedeutung der sechs Linien

Um die sechs Linien genauer zu beschreiben, möchte ich mich eines Bildes bedienen, das im klassischen Human Design oft verwendet wird, nämlich des Hauses.

Die ERSTE LINIE steht für das Fundament. Menschen mit einer 1 im Profil sind die archetypischen Forscher und sehr stark auf das Thema Sicherheit bedacht. Ihnen ist es wichtig, in allen Lebensbereichen ein ganz solides Fundament auszulegen. Je sicherer sie sich fühlen, desto stärker sind sie. Sie sind sehr wissensdurstig und haben sie einmal Feuer gefangen, kann es für sie gar nicht tief genug gehen. Alle 1er-Linien lieben es, Neues zu lernen, und dieser Wissensdurst ist etwas, dem sie unbedingt nachgehen müssen. Ob in Form von Büchern, Podcasts, Onlinekursen oder Weiterbildungen - solange der Wissensdurst aus der Freude heraus kommt, muss das Thema keinen Sinn ergeben.

Hast du auch diese eine Freundin, die jede Kleinigkeit sofort googelt? Sie wird ganz sicher eine 1er Linie haben. Ist Kochen deine Leidenschaft und du hast eine erste Linie, wirst du wahrscheinlich stundenlang Kochbücher wälzen, mehrere YouTube-Videos anschauen und deine Rezepte durch akribische Forschung verfeinern. Du wirst wissen, wie man das perfekte Sauerteigbrot herstellt, noch bevor du je eines gemacht hast. Und höchstwahrscheinlich wird es dir direkt beim ersten Anlauf richtig gut gelingen, weil deine Recherchen so gründlich waren.

Oft wissen diese Menschen selbst gar nicht, wie viel Wissen sie bereits angesammelt haben. Das verleitet sie dazu, von Weiterbildung zu Weiterbildung zu hüpfen, weil nie der letzte kleine Rest Unsicherheit ausgemerzt werden kann. Oder sie halten in anderen Lebensbereichen an der »sicheren« Option fest, weil sie viel zu große Angst vor der Unsicherheit haben. Das kann dazu führen, dass sie zu lange in Jobs und Beziehungen verbleiben, die sehr ungesund für sie sind.

Hast du eine erste Linie, ist es wichtig, das Gefühl der Sicherheit in dir selbst zu kultivieren und dir Anker im Leben zu suchen, die dir dieses Gefühl vermitteln. Das kann eine gute Planung sein oder die Simulation einer neuen Situation. Halte dein Referat im Vorfeld vor dem Spiegel oder simuliere das Vorstellungsgespräch. Diese Art von Vorbereitung wird dir mehr Sicherheit geben, als wenn du dich Hals über Kopf in eine neue Situation begibst.

Es ist wichtig, dass du lernst, mit der Unsicherheit, die in dir schlummert, umzugehen. Vielleicht hilft dir der Gedanke, dass du bereits mehr weißt als der Durchschnittsbürger, auch wenn es dir selbst nicht so vorkommt. Also vertrau darauf, dass du bereits alles in dir hast, was du brauchst, und gönn dir auch genug Rückzug und Forscherzeit, in der du dein Wissen vertiefen und das Fundament festigen kannst. Diese Rückzugs- und Forscherzeiten beflügeln alle Profile mit einer 1.

Die ZWEITE LINIE befindet sich im Erdgeschoss des Hauses. Dort sitzt sie zurückgezogen in einem der Zimmer und geht ihren Naturtalenten nach. Menschen mit einer 2 im Profil werden im klassischen Human Design auch als Einsiedler bezeichnet und brauchen sehr viel Zeit für sich und ihre Hobbys. Sie sind in bestimmten Gebieten oft sehr talentiert, ohne dass sie die Grundlagen für dieses Gebiet bewusst erworben hätten, wie es bei der 1 der Fall ist. Während die erste Linie noch das Rezept studiert, hantiert die 2 bereits in der Küche und zaubert die leckersten Gerichte, ohne je einen Blick in ein Kochbuch geworfen zu haben. Sie trägt ein tiefes inneres Wissen in sich, wie aus einem vergangenen Leben, und weiß intuitiv, welche Zutaten zueinanderpassen. Vielleicht bist du mit deiner zweiten Linie auch besonders musikalisch oder kannst sehr gut mit jeder Art von Menschen kommunizieren. Dieses Wissen ist einfach in dir und du weißt nicht, woher es kommt.

Die Welt tut sich mitunter schwer damit, denn sie ist sehr stark darauf ausgelegt, dass Wissen von außen vermittelt werden muss (denk nur an das Schulsystem!). Außerdem werden wir sehr selten ermutigt, Talenten nachzugehen, die in kein Standardbild passen. Wer gut stricken, kommunizieren oder Dinge bei eBay verkaufen kann, bekommt dafür selten einen Blumentopf geschenkt. Wir sind in unserer Gesellschaft so darauf konditioniert, Leistung nur anzuerkennen, wenn sie mit Blut, Schweiß und Tränen erlangt wurde, dass es vorkommen kann, dass Menschen mit einer zweiten Linie das Gefühl haben, nicht wirklich etwas geschafft zu haben. Vielleicht hast du daher manchmal das Gefühl, nicht genug zu wissen. Es kann auch gut sein, dass du aufgrund dieser Konditionierung inzwischen gar nicht mehr weißt, worin du richtig gut bist. Nur weil deine Potenziale nicht bewusst erworben wurden, heißt es nicht, dass sie nicht da sind. Ganz im Gegenteil! Ich würde dir von Herzen empfehlen, dir von deinen Liebsten Feedback zu holen und sie zu fragen, welche Talente sie in dir sehen. Oft sehen andere Menschen deine Gaben viel klarer als du selbst, was zu einem großen Teil auch an der Projektionsfläche liegt, die Menschen der zweiten Linie mitbringen. Alle 2er müssen von anderen gesehen und »gerufen« werden, um aus ihrer Einsiedlerhöhle

Du bist ein wahres Naturtalent

rauszukommen. Ob und wem sie ihre Gaben dann zur Verfügung stellen wollen, sollten sie mit ihrer jeweiligen Autorität prüfen, und dürfen dabei sehr wählerisch vorgehen. Die Herausforderung für jede 2 ist es, eine Balance herzustellen zwischen Rückzug und Austausch. Schafft sie das nicht, kann sie sich entweder mit der Zeit sehr einsam fühlen, weil sie sich zu sehr verkriecht, oder überfordert sein, weil sie sich nicht den nötigen Rückzug nimmt, und zu sehr im Außen ist.

Wenn wir nun vom Erdgeschoss ins Obergeschoss wollen, müssen wir die Treppe nehmen und diese stellt die DRITTE LINIE dar. Auf der Treppe geht es oft hoch her. Man kann leicht stolpern und fallen. Vielleicht fällt einem auch ein, dass man etwas vergessen hat, und man rennt noch mal hinauf oder hinunter.

Kleine Kinder oder Tiere müssen erst lernen, auf Treppen zu gehen. Meist tun sie das durch Trial and Error, also Versuch und Irrtum. Gehe ich besser vorwärts oder rückwärts? Immer mit demselben Fuß oder abwechselnd? Menschen der dritten Linie lernen weder durchs Forschen noch haben sie ein unbewusstes inneres Wissen. Stattdessen müssen sie die Dinge ausprobieren und schauen, was passiert. Sie werfen beim Kochen einfach auf gut Glück irgendwelche Zutaten zusammen und schauen dann, was dabei herauskommt.

Kinder, die ihre Hand auf die Herdplatte legen müssen, um zu merken, dass sie wirklich heiß ist, ganz egal, wie oft man ihnen das Gegenteil gesagt hat, haben wahrscheinlich eine dritte Linie. Nichts ist für sie so lehrreich wie die Erfahrungen, die sie sammeln können.

Menschen mit einer dritten Linie sind geborene Abenteurer, sehr anpassungsfähig und absolute Stehaufmännchen. Dabei ist ihre größte

Gabe herauszufinden, was *nicht* funktioniert. Ja, du hast richtig gelesen. In ihrem Trial-and-Error-Prozess werden sie immer wieder ins Klo greifen und herausfinden, welche Creme aus der Drogerie Pickel verursacht, welches Hotel kein Warmwasser hat und warum der Aufbau des Drei-Meter-Schranks ohne Anleitung vielleicht doch keine gute Idee war.

Kurz: Sie sind hier, um Fehler zu machen und aus diesen zu lernen. Und ja, der Umgang mit Fehlern in unserer Gesellschaft ist eine Vollkatastrophe, weil wir in ihnen fast immer nur das Negative sehen. Das führt dazu, dass sich Menschen mit einer dritten Linie oft wie Versager fühlen, weil sie schon wieder etwas ausprobiert haben, was nicht funktioniert hat. Weil sie schon wieder einen »Fehler« gemacht haben. Dabei ist es ein riesengroßes Geschenk, wenn das Leben selbst dein Lehrer ist. Wenn du aus Erfahrungen lernen und diese Erkenntnisse für dich nutzen oder sogar weitergeben kannst.

Ohne Fehler gibt es keinen Fortschritt

Wir alle machen Fehler, nicht nur die dritten Linien. Fehler sind etwas Wertvolles. Ohne Fehler gibt es keinen Fortschritt. Ohne Hinfallen kein Aufstehen. Oder hast du schon mal ein Baby oder Kleinkind gesehen, das einfach liegen geblieben ist und sich dachte: »Ach, das mit dem Laufenlernen ist wohl doch nichts für mich«?

Wir tragen alle diese Abenteuerenergie und diese Resilienz in uns und Menschen mit einer dritten Linie erinnern uns daran, wie wichtig es ist, seine Bücher in die Ecke und alles Bekannte über Bord zu werfen und einfach mal zu machen! Denn erst, wenn wir ins Handeln kommen, können Veränderungen und Verbesserungen herbeigeführt werden.

Das ist dein universeller Auftrag, wenn du eine dritte Linie hast: alle Erfahrungen zuzulassen und dadurch Lebensweisheit zu sammeln.

Natürlich ist das nicht immer einfach und vielleicht hast auch du dich schon dabei erwischt, deine Abenteurerenergie zu unterdrücken, weil du die Dinge perfekt machen wolltest und Angst vor dem nächsten Fehler hattest. Wenn du eine dritte Linie hast, empfehle ich dir, das Wort »Fehler« von jetzt an für immer aus deinem Wortschatz zu streichen und stattdessen von Erfahrungen zu sprechen. Wie du diese Erfahrungen bewertest, hängt ganz allein an dir. Denk gern an eine Erfahrung zurück, die dir anfangs wie ein großer Fehler erschien, sich aber im Nachhinein als absolutes Geschenk entpuppt hat. Du kannst es auch so sehen: Entweder dein Unterfangen gelingt oder du lernst aus deinem Misserfolg. Beides ist gleich wichtig für dein Leben. Außerdem erinnerst du dich vielleicht an den Anfang des Buches: Sprache ist Macht! Und wie wir mit anderen, aber insbesondere mit uns selbst reden, macht einen riesengroßen Unterschied in unserem Leben.

Nachdem wir die abenteuerliche Treppe genommen haben, landen wir auf dem Boden des Obergeschosses, welcher das Fundament der VIERTEN LINIE bildet. Für diese Menschen ist das Thema Sicherheit, ähnlich wie bei der ersten Linie, essenziell. Allerdings mit dem großen Unterschied, dass sich diese Sicherheit nur auf ihre Beziehungen bezieht. Ihr Netzwerk ist ihnen das Wichtigste und Vertrauen, Sicherheit und Zuverlässigkeit innerhalb einer Beziehung, einer Freundschaft oder in anderen Partnerschaften sind das A und O.

Menschen mit einer vierten Linie haben oft eine freundliche und offene Ausstrahlung und besitzen großen Einfluss in ihrem Netzwerk, insbesondere auf Freunde und Familie. Sie sind diejenigen, die das Kochrezept mit ihren Liebsten teilen. Veränderungen mögen Menschen mit einer vierten Linie nicht sehr gerne, insbesondere nicht innerhalb ihrer Beziehungen, weil das bei ihnen ein Gefühl der Unsicherheit hervorruft. Dies kann dazu führen, dass sie sehr lange an Beziehungen und Freundschaften festhalten, aus denen sie eigentlich längst herausgewachsen sind oder die nicht gesund sind. Es kann Menschen der vierten Linie auch schwerfallen, Grenzen zu setzen, weil sie es allen recht machen und den Menschen um sich herum ein Gefühl von Sicherheit vermitteln möchten. Sie neigen dazu, sich für ihr Netzwerk aufzuopfern und die eigenen Bedürfnisse zu vernachlässigen und zu übergehen.

Dein Inner Circle ist deine größte Ressource

Hast du eine vierte Linie, solltest du die Balance zwischen Geben und Nehmen deshalb immer mal wieder überprüfen. Sonst kann es passieren, dass du im schlimmsten Fall in einer Art sozialem Burnout landest.

Dein Netzwerk ist zugleich aber auch deine größte Ressource. Bei einer vierten Linie kann es gut sein, dass man seinen Lebenspartner über die beste Freundin kennenlernt, von einer ehemaligen Kollegin für einen tollen Job empfohlen wird, eine vielversprechende Wohnungsanzeige von der Schwiegermutti zugespielt bekommt oder durch den Schwager von einer spannenden Businessgelegenheit erfährt.

Kein Wunder, dass du mit dieser Linie höchstwahrscheinlich extrem hohe Standards an deine zwischenmenschlichen Beziehungen hast. Problematisch kann das werden, wenn du diese Standards nicht kommunizierst, sondern einfach voraussetzt. Deshalb mein wichtigster Tipp für dich: Sprich mit anderen darüber, welche Werte dir im zwischenmenschlichen Miteinander wichtig sind, damit dein Netzwerk genau weiß, worauf es ankommt und die Menschen darin auch eine echte Chance haben, diese Standards zu erfüllen. Denn tun sie das nicht, kannst du leicht verletzt werden und dein Herz im schlimmsten Fall verschließen. Das ist für Menschen mit der vierten Linie sehr schmerzhaft und kann dazu führen, dass sie es nur schwer wieder öffnen.

Du brauchst dein Netzwerk wie die Luft zum Atmen. Deshalb ist es für dich extrem wichtig, die Menschen darin sorgsam auszuwählen. Sie sollten deine Werte teilen und wie du daran interessiert sein, vertrauensvolle, loyale und respektvolle Beziehungen auf Augenhöhe zu kultivieren. Damit ihr euch zu 111 Prozent aufeinander verlassen könnt.

Die FÜNFTE LINIE wird durch eines der Privatzimmer im Obergeschoss symbolisiert, zum Beispiel das Schlafzimmer. Viele Menschen würden gerne herausfinden, was dort vor sich geht, von außen ist das aber kaum möglich bis unmöglich. In derselben Art und Weise, wie sie dann Mutmaßungen darüber anstellen, was in diesen Räumen passiert, stellen sie Vermutungen darüber an, was in Menschen mit einer fünften Linie vorgeht, ohne es jemals wirklich zu wissen. Stell dir vor, du schaust in ein Zimmerfenster, in dem die Vorhänge zugezogen sind, und siehst dahinter eine Gestalt, die sich bewegt. Schon können die Ratespiele beginnen: Vielleicht macht da jemand Yoga, tanzt durch das Zimmer oder hat womöglich einen epileptischen Anfall. Ganz genau wirst du es einfach nicht sagen können. Dafür müsste der Vorhang zur Seite geschoben werden, was bei Menschen mit der fünften Linie nur sehr selten und mit sehr ausgewählten Menschen passiert.

Allerdings hat das Zimmer einen Balkon, auf den eine Person der fünften Linie von Zeit zu Zeit tritt, um all den unbekannten Menschen vor dem Haus etwas zu erzählen. Sie ist dafür zuständig, allgemeingültige Lösungen für die große Masse zu liefern, und hat von allen Linien die größte Reichweite. Ihr Einfluss auf Fremde ist dabei größer als der auf das eigene Netzwerk. Wenn wir das Kochrezept-Beispiel aus den vorherigen Linien aufgreifen, wäre die fünfte Linie diejenige, die das Rezept im Internet veröffentlicht, ein Kochbuch schreibt oder ein You-Tube-Video dazu macht. Eine praktische Lösung für viele eben, die sie nur zu gern zur Verfügung stellt. Zu ihnen kommen gute Gelegenheiten daher auch nicht durch das Netzwerk wie bei Menschen der vierten Linie, sondern eher durch entfernte Bekannte oder gänzlich Fremde. Und auch sie selbst können der bedeutsame Fremde im Leben anderer Menschen sein.

Weil sie praktische Lösungen für viele erkennen, stellen sich Personen der fünften Linie oft gegen den Status quo und können dadurch ketzerisch auf andere wirken. »Ketzer« ist auch die ursprüngliche Bezeichnung dieser Linie. Ihr Wirken und Tun bleibt nicht ohne Folgen. Hast du eine fünfte Linie, werden manche Menschen dich zum Helden erheben und auf einen Sockel stellen, weil sie von deinen Lösungen profitieren. Andere wirst du vor den Kopf stoßen und im Worst Case agieren sie hinter deinem Rücken gegen dich, weil deine Ideen ihnen zu ketzerisch sind. Für dich ist dabei wichtig zu wissen, dass beide Bewertungen nichts mit dir zu tun haben, sondern auf Projektionen basieren. Andere sehen etwas in dir und haben bestimmte Erwartungen, die du erfüllen oder enttäuschen kannst. Es ist daher wichtig, dass du mit Strategie und Autorität entscheidest, welcher Probleme du dich annehmen magst und welcher nicht, damit dein Ruf langfristig nicht leidet. Eine der wichtigsten Aufgaben in deinem Leben mit einer fünften Linie besteht darin, Grenzen zu setzen und die Erwartungen, die an dich ge-

Dein Handeln bleibt nie unbemerkt

stellt werden, ganz genau abzustecken, bevor du dich entscheidest, sie zu erfüllen. Weil du für jedes Problem eine Lösung hast, trägst du einen tiefen Drang in dir, anderen Menschen zu helfen. Eines solltest du aber wissen: Nur weil du jederzeit helfen könntest, heißt es nicht, dass du das auch machen musst. Denn auch deine energetischen Ressourcen sind begrenzt und es kann schnell dazu kommen, dass deine Hilfsbereitschaft ausgenutzt wird. Entscheide unbedingt mit deiner Autorität, welchen Brand du löschen möchtest und welchen du lieber anderen überlässt.

Die SECHSTE LINIE bildet den Abschluss. Sie ist das Dach unseres Hauses und hat dadurch eine komplett andere Perspektive auf die Welt. Eine Person mit einer sechsten Linie schaut von oben herunter und denkt sich womöglich: »Was geht denn hier ab?«

Sie nimmt all das, was die fünf Linien vor ihr erforscht, ausprobiert und geteilt haben, und wandelt es in etwas Neues um, was es so bisher nicht gab. Sie hat einen visionären Blick auf die Welt und sieht Potenziale, die noch gar nicht da sind. Bei unserem Kochrezept würde sie sich fragen, wie man etwas ganz Neues daraus kreieren kann. Vielleicht würde sie es veganisieren, zuckerfrei, rohköstlich oder glutenfrei gestalten oder mit einem anderen Rezept mischen und ein komplett neues Gericht daraus kreieren.

Menschen mit einer sechsten Linie wirken oft, als würden sie über den Dingen stehen. Es gelingt ihnen, Sachverhalte objektiv zu betrachten, und sie haben eine tiefe innere Weisheit, die sie von Geburt an mitbringen, weshalb ihnen vieles, was sie sehen, überholt vorkommt. Zusätzlich wünscht sich jede Person mit einer sechsten Linie jemanden, mit dem sie seelenverwandt ist, und enge, tiefgehende Beziehungen zu anderen Menschen.

Alle Menschen mit einer sechsten Linie durchlaufen einen dreiphasigen Prozess im Leben. Die erste Phase verläuft bis zum 30. Lebensjahr und wird auch die Trial-and-Error-Phase genannt. Kommt dir das vielleicht schon bekannt vor? Yes, diese Begriffe hast du bereits bei der Beschreibung der dritten Linie gelesen, und falls nicht, solltest du das spätestens jetzt nachholen.

In dieser ersten Phase fühlt sich dein Leben mit einer sechsten Linie wie das Leben mit einer dritten Linie an. Du probierst vieles aus, von dem einiges nicht funktioniert, und verbringst sehr viel Zeit im Außen und wenig mit Innenschau und Reflexion. In dieser Phase kann es sein, dass du sehr viel Chaos in zwischenmenschlichen Beziehungen erlebst und sich das Leben wie eine wilde Achterbahn anfühlt. Wenn du außerdem keine 3 im Profil hast wie die Profile 3/6 oder 6/3, kann sich das sehr unangenehm anfühlen, weil du eigentlich nicht als Abenteurer auf die Welt gekommen bist und Turbulenzen wahrscheinlich nicht magst. Aber auch wenn du eine dritte Linie im Profil hast, ist diese Phase für dich sehr herausfordernd, da sich die Abenteurerenergie dann verdoppelt.

Turbulente Abenteurerphase

Für alle sechsten Linien kommt Erleichterung in der zweiten Phase. Sie findet im Alter von circa 30 bis 50 Jahren statt und wird auch die Rückzugs- oder Dachphase genannt. Nach all dem Chaos ziehen sich Menschen mit einer sechsten Linie auf ihr Dach zurück und reflektieren das Geschehene. Endlich können sie aufatmen, sich erholen und neue Kraft schöpfen. In dieser Zeit stabilisiert sich das Leben von Menschen mit einer sechsten Linie. Es kann gut sein, dass du auf deinen Seelenpartner oder deine Seelenpartnerin stößt, eine Familie gründest oder dir andere Strukturen erschaffst, die dir Stabilität geben. Nun spielt die Selbstreflexion eine große Rolle und sollte nicht ausgelassen werden. Wenn du eine sechste Linie hast und dich gerade in dieser Phase befindest, darfst du dir ganz ungeniert viel Zeit dafür nehmen, die Wunden, die in der ersten Phase entstanden sind, zu heilen und nach innen zu blicken. Hole dir dafür auch gern Unterstützung und sei wählerisch mit den Menschen, die dich in dieser Phase auf deinem Dach besuchen dürfen. Wichtig ist mir hier noch zu betonen, dass du selbstverständlich auch in dieser Phase alles machen kannst, worauf zu Lust hast. Es geht nicht darum, nur auf dem Meditationskissen zu sitzen und zu reflektieren. Es ist einfach nur wichtig, dass du dir *auch* dafür Zeit nimmst und den Prozess, in dem sich das Chaos stabilisiert, genießt.

In der dritten Lebensphase, die ab circa 50 Jahren beginnt, steigen Menschen mit einer sechsten Linie wieder vom Dach herunter und teilen ihre Weisheit mit der Welt. Oft werden sie von anderen vom Dach geholt, um sich wieder mit Haut und Haaren ins Leben zu stürzen, wenn auch viel weniger chaotisch als zu Beginn ihres Lebens. Die turbulenten Erfahrungen des ersten Lebensdrittels haben sie auf ihrem Dach in Weisheit umgewandelt und können nun vielen Menschen als Rollenvorbild dienen, an dem sie sich orientieren. Wir Menschen lieben es, von anderen Menschen zu lernen, die ihr Wissen nicht nur aus Büchern, sondern durch Erfahrung erworben haben. Tatsächlich ist das die schönste Phase für alle Menschen mit einer sechsten Linie, weil sie nun authentisch, optimistisch und voller Vertrauen in sich selbst durch die Welt gehen können und sich endlich angekommen fühlen. Falls du eine sechste Linie hast, kannst du dich so richtig aufs Älterwerden freuen.

Die Profile im Detail

Profil 1/3 – Der abenteuerlustige Forscher

Wenn du das vorangegangene Kapitel gelesen hast, weißt du, wie gegensätzlich diese beiden Linien sind, die du in dir zusammenbringst: In deinem Profil vereint sich der Archetyp des Forschers mit dem des Abenteurers. Der ersten Linie bist du dir sehr bewusst: Dir ist Sicherheit extrem wichtig. Kickt dann dein unbewusster Abenteurer rein, der die Sicherheit über Bord schmeißt und die Dinge einfach ausprobiert, kann sich das anfühlen, als würde das Leben in dich hineinstolpern.

Du hast eigentlich alles perfekt geplant, aber plötzlich passiert doch irgendetwas, das dich aus deiner Komfortzone schmeißt. Du liebst es, neue Dinge auszuprobieren – wenn sie nicht funktionieren, kann dich das allerdings ziemlich runterziehen, weil dein innerer Perfektionist es einfach gern anders hätte.

Du brauchst eine solide Basis im Leben und darfst dir Strukturen erschaffen, in denen du dich sicher fühlst, weil es dir ansonsten nicht gut gehen wird. Gleichzeitig solltest du dein Sicherheitsdenken auch hin und wieder hinterfragen. Brauchst du wirklich noch eine Weiterbildung, um arbeiten zu können, obwohl du schon vier gemacht hast? Ist es von einem weiteren Stück Papier abhängig, wie tief deine Kompetenz geht?

Als würde das Leben in dich hineinstolpern

Da du nicht nur Wissen anhäufst, sondern auch ausprobierst, ist es sehr wahrscheinlich, dass du sogar umfangreichere Kenntnisse in bestimmten Themenfeldern als alle anderen hast. Du hast nicht nur alle Inhaltsstoffe studiert, sondern auch zehn verschiedene Gesichtscremes ausprobiert. Hier kommt eine unschlagbare Mischung aus erforschtem und erlebtem Wissen zusammen, weshalb andere Menschen sehr gern von dir lernen. In deinem Higher Self bist du dir dieser Kompetenz bewusst und machst dich nicht von äußeren Autoritäten abhängig.

Das Wichtigste für dich ist es, dir Fehler zu erlauben und deine Abenteurer-Energie nicht zu unterdrücken, damit sich das volle Potenzial deines Profils entfalten kann.

Profil 1/4 – Der sicherheitsliebende Netzwerker

Auch für dieses Profil steht das Thema Sicherheit an erster Stelle. Du möchtest in allen Lebenslagen ein ganz festes Fundament unter den Füßen haben, wirkst durch die vierte Linie auf der unbewussten Seite sehr freundlich und offen auf andere und hast eine ausgezeichnete Kommunikationsfähigkeit. Du arbeitest wahrscheinlich gern mit anderen Menschen und in Teams zusammen. Dein Netzwerk ist für dich von großer Bedeutung: Mit ihm teilst du dein Wissen, dort holst du dir Empfehlungen oder neue Informationen, um deinen Horizont zu erweitern. Auf die Menschen in deinem Netzwerk hast du großen Einfluss. Wenn du Unterstützung benötigst, profitierst du sehr davon, dir einen freundschaftlichen Mentor oder eine Mentorin an die Seite zu holen.

Obwohl du von anderen meist als sehr selbstbewusst wahrgenommen wirst, kannst du innerlich unter Unsicherheiten und Ängsten leiden. Dann ist es besonders wichtig, eine Balance zwischen Geben und Nehmen zu finden. Es ist ein nie endender Prozess für dich, zu lernen, wann es Zeit für einen Rückzug ist, den du immer wieder dringend brauchst. Als 1/4 bist du sehr anfällig für sozialen Burnout, der sich insbesondere auf körperlicher Ebene zeigen kann. Die Qualität deiner Beziehungen beeinflusst unmittelbar die Qualität deiner Gesundheit.

Profil 2/4 – Introvertiert versus extrovertiert

Auch das 2/4-Profil ist dadurch gekennzeichnet, sich zwischen zwei Archetypen hin- und hergerissen zu fühlen. Wir haben hier auf der bewussten Seite die Energie der zweiten Linie, die sehr viel Zeit für sich selbst braucht, um in dieser Zurückgezogenheit ihren Talenten nachzugehen. Auf der unbewussten Seite steht dem gegenüber der Netzwerker mit seiner warmen, freundlichen und offenen Ausstrahlung, der für seinen Inner Circle alles tun würde.

Wenn du dieses Profil hast, kennst du das vielleicht: In der einen Minute rufst du deine beste Freundin an, damit sie auf einen Kaffee vorbeikommt, sobald sie aber vor der Tür steht, möchtest du am liebsten wieder allein sein. Mehr als allen anderen fällt es diesem Profil schwer, eine gesunde Balance zwischen Geben und Nehmen zu finden und nicht das Gefühl zu haben, sich zweiteilen zu müssen. Ein ausgewogenes Verhältnis zwischen Zurückgezogenheit und sozialen Aktivitäten zu finden, ist für dich essenziell, um dich langfristig wohlzufühlen. Zu viel Zeit allein lässt dich eingehen wie eine ungegossene Pflanze. Zu viel Zeit im Außen, insbesondere mit den falschen Menschen, kann dich leicht überfordern.

Die Balance zwischen Geben und Nehmen

Dein Netzwerk hat einen so großen Einfluss auf deine Gesundheit, dass dein körperlicher Zustand oft die Qualität deiner Beziehungen spiegelt. Aus diesem Grund kann ich gar nicht oft genug betonen, wie extrem wichtig es ist, selektiv mit den Menschen zu sein, die du in deinen Inner Circle lässt. Du darfst ruhig sehr wählerisch sein und mit deiner Autorität einchecken, um herauszufinden, wer deiner würdig ist. Falls du bereits gesundheitliche Themen hast, empfehle ich dir, unbedingt ganz ehrlich dir selbst gegenüber zu sein, mit wem du dich wohlfühlst und mit wem nicht.

Hast du die richtigen Menschen in deinem Netzwerk, kannst du deine Gaben mit ihnen teilen. Die zweite Linie sorgt dafür, dass dir viele Dinge sehr leichtfallen. In dem, was dich interessiert, bist du ein wahres Naturtalent – sei es beim Kochen, Musizieren oder dem Verkauf bei eBay. Dafür musst du dich wenig abstrampeln, dein Können fliegt dir quasi zu.

Was du dir unbedingt merken solltest, ist, dass daran absolut gar nichts Schlechtes ist! Oft erkennen Menschen mit diesem Profil die eigenen Gaben und Talente überhaupt nicht, doch auch dabei kann dir das Feedback deines Netzwerks helfen. Im besten Fall kannst du dann als zurückgezogenes Naturtalent in deiner Höhle warten, bis du von deinem Netzwerk anerkannt und herausgerufen wirst, um deine Talente zu teilen.

Profil 2/5 – Das heldenhafte Naturtalent

Deine Aufgabe besteht darin, deine Gaben in der Zurückgezogenheit zu verfeinern, um sie ausgewählten Fremden zur Verfügung zu stellen. Durch die zweite Linie bist du mit natürlichen Talenten ausgestattet, die dir bewusst sind. Da dein Heldentum dir nicht bewusst ist, wird es selten so sein, dass du von allein auf die Idee kommst, sie zu teilen. Vielmehr wirst du von anderen »gerufen« werden. Sie können in dir leicht einen Retter sehen, der ihnen mit seinen speziellen Gaben hilft, ein Problem zu lösen, und dich auf einen Sockel stellen. Kannst du diese Erwartungen nicht erfüllen, kann sich die Bewunderung allerdings schnell ins Gegenteil verkehren und dein Ruf leidet. Oft hat diese Reaktion nichts mit dir zu tun, sondern mit dem, was andere in dir sehen. Das Profil 2/5 hat eine sehr große Projektionsfläche und du musst stetig daran arbeiten, dich abzugrenzen und dir ein Bewusstsein über diese Projektionsfläche zu schaffen. Lese dazu auch unbedingt die Linien im Einzelnen, falls du es noch nicht getan hast. Du solltest immer gut mit deiner Autorität prüfen, ob du einem Ruf folgen möchtest.

Ist dies der Fall, kannst du Großes bewirken. Deine Lösungen für andere Menschen sind oft speziell, innovativ und haben etwas Rebellisches an sich, da dein innerer Ketzer sich gern gegen den Status quo stellt.

Nach jeder Lösung, die du anderen zur Verfügung gestellt hast, solltest du wieder in den Rückzug gehen. Das ist essenziell und sollte unverhandelbar sein. Du brauchst diese Zeit, um deine Talente zu verfeinern. Wenn andere Menschen das nicht respektieren, ist es wichtig zu lernen, Nein zu sagen und Grenzen zu setzen. Dein natürliches Charisma und deine Leadership-Qualitäten werden dir stets dabei helfen.

Profil 3/5 – Der Troubleshooter

Willkommen zu einer ganz wilden Mischung aus Abenteurer und Held! Ein Leben mit diesem Profil ist von einem Trial-and-Error-Prozess geprägt, der dir das Gefühl geben kann, unendlich viele Fehlgriffe zu tätigen, während der Rest im Chaos versinkt. Und genau diese Energie gilt es mit offenen Armen zu empfangen.

Das Chaos des Lebens zu feiern und lieben zu lernen, ist das Beste, was ein Mensch mit 3/5-Profil tun kann. Denn es sind diese chaotischen Situationen, die dich zum geborenen Krisenmanager machen. Es gibt keine Herausforderung, der du nicht gewachsen bist, und gerade wenn die Dinge mal nicht nach Plan laufen, ist es hilfreich, dich an seiner Seite zu haben. Du kennst meistens nicht nur die Lösung für das Problem, sondern hast den Mist bereits selbst durchlebt, denn du bist sehr schnell damit, dich in Erfahrungen zu stürzen und Neues auszuprobieren.

3/5er wirken meist sehr charismatisch und anziehend, während sie ein Leben auf der Überholspur leben. Als Held ist es deine Aufgabe, Fremden bei der Lösung ihrer Probleme zu helfen. In deinem Fall bedeutet das: aus deinen Erfahrungen zu lernen. Du inspirierst andere, indem du sie an deinen Fehlern teilhaben lässt und ihnen gleichzeitig die Lösung präsentierst: eine Heldenreise in Perfektion!

Durch die Projektionsfläche der fünften Linie spürst du wahrscheinlich oft einen großen Erwartungsdruck, mit dem du unbedingt lernen solltest, gesund umzugehen – wie das geht, erfährst du im Abschnitt zur fünften Linie. Da dir dein Heldentum nicht bewusst ist, kann das sehr überfordernd sein.

Ein weiteres Thema ist für dich der Umgang mit vermeintlichen Fehlern: Dir wird immer wieder etwas nicht gelingen, und wie du damit umgehst, kann entscheidend für dein Wohlbefinden sein. Ruf dir immer wieder in Erinnerung, dass die Situationen, in denen etwas nicht klappt, sehr wichtige Erfahrungen sind – für dich und durch dich für andere! Denn was wäre eine Heldenreise auf der Bühne des Lebens ohne Höhen und Tiefen, aus denen du noch stärker und weiser hervorgehen könntest?

Profil 3/6 – Der Lebensexperte

Wie jedes Profil mit einer sechsten Linie durchläuft auch dieses einen dreiphasigen Lebensprozess. So kommt es, dass wir hier in den ersten 30 Lebensjahren eine doppelte 3er-Energie vorfinden, was sich natürlich sehr chaotisch anfühlen kann, zumal die sechste Linie hier auch noch auf der unbewussten Seite steht, sich eine 3/6 ihrer Weisheit also nicht bewusst ist. Eine 3/6 kann in den ersten 30 Lebensjahren leicht das Gefühl haben, dass ihr Leben nur noch aus Fehlern besteht, auch wenn ihr Umfeld das Rollenvorbild, das alles im Griff hat und jede Krise meistert, bereits wahrnimmt.

In dieser Zeit kann es auch passieren, dass die 3/6 immer wieder neue Verbindungen mit Menschen eingeht, die sich schnell wieder lösen. Das kann sehr viel Stress bedeuten, weil sie sich einen Seelenverwandten wünscht, dem sie vertrauen kann. Wie in den ersten 30 Lebensjahren aller Menschen mit der sechsten Linie zeigt sich hier ein Dilemma: Die Energie der dritten Linie wird sich immer in das nächste

Abenteuer stürzen, ob freiwillig oder nicht, während die Energie der sechsten Linie lieber am Rand stehen und das Geschehen beobachten möchte. Während sich dieser Widerspruch im zweiten Lebensdrittel anderer sechsten Linien auflöst, bleibt er bei einer Person mit dem Profil 3/6 bestehen. Die dritte Linie sorgt hier auch nach dem 30. Lebensjahr dafür, dass die Abenteuer nicht aufhören, wodurch das Gefühl entstehen kann, überhaupt nicht zur Ruhe zu kommen. Es ist für dieses Profil unerlässlich, ein Mindset zu kultivieren, in dem man seine »Fehler« als notwendige Entdeckungen betrachtet, die den Weg zu einem erfahrenen und weisen Rollenvorbild ebnen.

Als 3/6 stehst du vor der enormen Herausforderung, diese Hin-und-her-Gerissenheit als Teil von dir zu akzeptieren und deine gegensätzlichen Energien aus Chaos und innerer Weisheit zu feiern.

Nur durch all die positiven und negativen Erfahrungen kannst du die Weisheit erlangen, mit der du deine Aufgabe als Rollenvorbild, die du wie jede Person mit einer sechsten Linie insbesondere ab dem 50. Lebensjahr einnehmen wirst, erfüllen kannst. Gib dir Raum fürs Ausprobieren und verurteile dich nicht für angebliche »Fehler«. Dann kannst du zu einem wahren Lebensexperten werden, den andere gern aufsuchen, um nach Rat zu fragen.

Profil 4/6 – Der einflussreiche Netzwerker

Auch dieses Profil durchlebt in den ersten 30 Lebensjahren den abenteuerlichen Prozess der dritten Linie, der sich auch auf Beziehungen auswirkt. Dieses zwischenmenschliche Chaos ist für eine Person mit der vierten Linie überhaupt nicht leicht zu navigieren, weil sie gern Sicherheit hat und durch 3er-Linien-Prozesse der sechsten Linie ständig getriggert wird. Dadurch kann eine große Angst vor Ablehnung entstehen. Dein Inner Circle spielt daher eine extrem wichtige Rolle! Mehr als andere brauchst du insbesondere in dieser Zeit Familie und Freunde um dich, von denen du dich bedingungslos akzeptiert und anerkannt fühlst. Das kann dazu führen, dass du dir fast schon ein wenig zu viel Mühe gibst, von anderen gemocht zu werden, und dadurch zulässt, dass die eigenen Grenzen überschritten werden.

Nach den chaotischen ersten 30 Lebensjahren, in denen vor allem das Thema Beziehungen kein einfaches war, kann ein Mensch mit dem Profil 4/6 in der zweiten Lebenshälfte, der Dachphase, zur Ruhe kommen und erleben, wie sich das Leben stabilisiert. Die Wahrscheinlichkeit ist groß, dass sich die vierte Linie in dieser Phase ein stabiles Netzwerk aufbaut und der Seelenverwandte ins Leben kommt, nach dem sich dieses Profil sehr stark sehnt, um das Leben gemeinsam genießen zu können.

Verlasse dich auf die Weisheit der sechsten Linie!

In der dritten Phase schließlich, wenn es darum geht, andere Menschen mit großen Visionen zu inspirieren, steigt die Person mit dem Profil 4/6 vom Dach und übt durch ihre veränderte Perspektive auf die Welt großen Einfluss auf andere aus. Eine Aufgabe für dein ganzes Leben ist es, dich auf die Weisheit deiner sechsten Linie zu verlassen und dein Herz immer wieder zu öffnen, um wahre Verbundenheit mit anderen zu erfahren. Falls du dazu tendierst, dich stark zu verschließen, oder wenn du dich anderen Menschen gegenüber gar nicht mehr öffnen möchtest, weil du aufgrund deiner Erfahrungen eine starke

Angst vor Ablehnung entwickelt hast, empfehle ich dir von Herzen, dieses Thema aufzuarbeiten, damit du dir selbst die Chance gibst, deine Warmherzigkeit nach draußen fließen zu lassen und tiefe Verbindungen mit anderen zu erleben.

Profil 4/1 – Der introvertierte Netzwerker

Menschen mit dem Profil 4/1 wissen oft bereits als Kinder, wofür sie auf diese Welt gekommen sind, ähnlich einem großen Baum mit starken Wurzeln, der sich nicht so einfach verbiegen lässt.

Sie lieben es, Zahlen, Daten und Fakten zu sammeln und mit ihrem Netzwerk zu teilen. Aufgrund einer von der vierten Linie geprägten freundlichen und offenen Ausstrahlung lernen andere Menschen gern von dieser Person.

Durch den Einfluss der bewussten vierten Linie möchten 4/1er oft Menschen verstehen und ihr Verhalten studieren: Viele interessieren sich für Psychologie oder Kommunikationswissenschaften; aber auch Human Design oder Astrologie sind prädestiniert für das Profil 4/1. Egal auf welchem Interessensgebiet, das tiefe Studium wird ein Leben lang andauern und der Wissensdurst nie versiegen. Eine Person mit dem Profil 4/1 liebt es einfach, Neues zu lernen. Deshalb ist es für sie sehr wichtig, sich diese Forscherzeit zu nehmen und kein schlechtes Gewissen zu haben, in den Rückzug zu gehen. So kannst du als 4/1 zu einem wahren Experten auf deinem Gebiet werden.

Die Qualität des Lebens dieses Profils hängt stark von der Qualität seiner Beziehungen ab. Mehr noch als bei anderen Menschen mit einer vierten Linie ist es für dich entscheidend, Menschen in deinem Inner Circle zu haben, für die du dich nicht verbiegen musst und die ein Stück weit bereit sind, sich dir anzupassen. Auch wenn du versuchst, nach außen den Anschein zu erwecken, deine Meinung sei nicht festgelegt, weißt du im Inneren oft genau, dass dein Standpunkt unverhandelbar ist.

Dieses starke Gespür für deine Bestimmung und das recht festgelegte Wesen führen dazu, dass du von anderen Menschen als stur und unflexibel wahrgenommen werden kannst. Andere Menschen werden immer mal wieder versuchen, dich von deinem Weg abzubringen, weil es einfach in der menschlichen Natur liegt, andere beeinflussen zu wollen. Lass dich davon nicht verunsichern! Wenn es jemand schafft, sich nicht verbiegen zu lassen, dann bist das du. Es ist etwas Gutes, seiner Bestimmung zu folgen und sich nicht vom Weg abbringen zu lassen. Dieses Verhalten entspricht einfach deinem universellen Auftrag.

Profil 5/1 – Der Problemlöser

»Geht nicht, gibt's nicht!« könnte das Motto dieses Profils lauten. Egal, welches Problem, ein Mensch mit 5/1er-Profil kennt die passende Lösung. Mit diesem Profil siehst du, welches Potenzial in anderen schlummert, und weißt genau, welche Probleme es zu lösen gilt, um es zu entfalten. Deine größte Herausforderung ist, nicht sofort damit herauszuplatzen, wenn jemand dir sein Leid klagt.

5/1er bringen ganz natürliche Führungsqualitäten mit und andere Menschen lassen sich nur zu gern von ihnen an die Hand nehmen. Das liegt zu einem großen Teil an der überdimensionalen Projektionsfläche, die dieses Profil mitbringt: Andere Menschen erwarten, dass du sie in Zeiten der Not rettest und ihre Probleme lösen kannst. Insbesondere fremde Menschen fühlen sich dadurch zu dir hingezogen. Erfüllst du ihre Erwartungen jedoch nicht, wirst du schnell vom imaginären Sockel gestoßen. Und auch du selbst gehst dann kritisch mit dir ins Gericht, denn auch deine Erwartungen an dich selbst sind durch deinen bewussten Helden sehr hoch. Damit das nicht passiert, solltest du dir immer gut überlegen, welche Erwartungen du erfüllen kannst und möchtest und welche nicht. Hier ist das Einchecken mit der eigenen Autorität das Beste, was du machen kannst. Auch solltest du unbedingt lernen, Nein zu sagen und Grenzen zu setzen, wenn du bestimmte Projektionen nicht erfüllen möchtest.

Ein weiterer Grund, warum Menschen sich gern von einer Person mit dem Profil 5/1 führen lassen, ist das tiefe Wissen, welches jemand mit diesem Profil mitbringt. Zu verdanken hast du das deiner unbewussten 1er Linie, dem Forscher. Sie braucht ein sicheres Fundament im Leben und es tut dir extrem gut, dich zurückzuziehen, deinem Forscherdrang nachzugehen und immer wieder Neues zu lernen. Erkennst du diese unbewusste Seite und lässt sie zu, kannst du dein volles Potenzial erreichen. Denn sobald das Fundament solide genug ist, wirst du anderen dein Wissen auf ganz natürliche Weise zugänglich machen und damit einen großen Einfluss haben. Viele 5/1er werden zu einer wahren Autorität in ihrem Gebiet.

Forschen und Teilen ist dein Game

Falls du eine 5/1 bist, wird der Kontakt zu anderen für dich essenziell sein und du wirst viele Menschen in deinem Leben treffen, die sich wie eine schicksalhafte Begegnung anfühlen. Das kann jemand sein, mit dem du eine langfristige Freundschaft oder Beziehung hast, aber auch die Kassiererin, die du nur einmal siehst. Du bist dafür gemacht, mit neuen Menschen Kontakte zu knüpfen, die deine ketzerischen Lösungen nur allzu gern annehmen.

Profil 5/2 – Der talentierte Held

Wie beim Profil 2/5 finden wir auch hier eine doppelte Projektionsfläche vor. Im Gegensatz zum heldenhaften Naturtalent sind Menschen mit dem Profil 5/2 sich ihrer natürlichen Talente allerdings nicht bewusst und können daher schwerer einschätzen, ob sie die Erwartungen anderer erfüllen können. Obwohl andere Menschen die Gaben dieses Profils sehen, fällt es dem zurückgezogenen Naturtalent schwer, mit all den Erwartungen und dem damit verbundenen Druck umzugehen. Das führt dazu, dass sie sich in ihr Schneckenhaus zurückziehen und auf andere distanziert und abweisend wirken können. Sie lassen sich daher auch nur selten »rufen«, um ihre Talente zu teilen, sondern wollen stets selbstständig und unabhängig sein. 5/2er haben oft eine rebellische Ader und möchten sich den Erwartungen anderer nicht beugen. Hast du das Profil 5/2, ist es wahrscheinlich unmöglich, dich von außen zu motivieren. Entweder du möchtest deine Gaben intrinsisch motiviert zur Verfügung stellen oder nicht. Das kann insbesondere für Eltern von Kindern mit diesem Profil manchmal sehr frustrierend sein.

Durch die fünfte Linie ist es für dich allerdings wichtig, deine Fähigkeiten mit anderen zu teilen. Daher solltest du dir von Zeit zu Zeit Feedback holen, welche Talente andere in dir sehen, um dir dieses unbewusste Potenzial bewusst zu machen. Denn dass du mit außergewöhnlichen Talenten ausgestattet bist, ist unbestritten. Die Lösungen, die du anbieten kannst, sind entsprechend sehr speziell und nicht jeder wird damit etwas anfangen können. Du solltest immer mit Strategie und Autorität checken, welchem Ruf du folgen und welche Erwartungen du erfüllen möchtest. Aufgrund deiner rebellischen Ader wird es oft so sein, dass du den Status quo infrage stellst.

Wenn du zu häufig erfährst, dass andere dich unter Druck setzen oder Erwartungen an dich haben, die du nicht erfüllen willst, kann es passieren, dass du gar nicht mehr aus deinem Schneckenhaus herauskommst. So natürlich das für die zweite Linie sein mag, so ungesund ist es für die fünfte Linie! Es gilt also, eine Balance zu finden, die sich für dich gut anfühlt.

Profil 6/2 – Der zurückgezogene Visionär

Auch dieses Profil nimmt, wie alle Profile mit einer sechsten Linie, die Phasen des Lebens ganz bewusst wahr. Besonders in der ersten Phase fühlt es sich oft etwas fehl am Platz, weil es bereits sehr früh sehr viel Weisheit mitbringt. Es kann insbesondere in Partnerschaften sehr chaotisch zugehen, sodass hier einige Enttäuschungen unvermeidbar sind. Das kann bei 6/2ern dazu führen, dass sie sich nur noch verkriechen möchten. Wenn du gerade in dieser Phase bist, denk daran, dass du in dieser Zeit wertvolle Erfahrungen machst, die dich reifen lassen und dir später, insbesondere in der dritten Lebensphase, von Nutzen sein werden.

Die Kombination aus natürlichen Gaben und durch Erfahrung erlangtem Wissen kann dich dann zu einer weisen Autorität für andere werden lassen. Eine der größten Gaben der 6/2 ist es, die Welt aus der objektiven Vogelperspektive betrachten zu können.

Die bewusste sechste Linie macht dich zu einem großen Visionär, der Potenzial erkennen kann, wo andere es noch nicht sehen. Das macht dich sehr idealistisch. Wahrscheinlich bist du stets auf der Suche nach Perfektion, egal ob im Beruf oder in Beziehungen. Insbesondere die »BeRUFung« von Menschen mit diesem Profil wird im wahrsten Sinne des Wortes ein Ruf sein, dem sie folgen werden. Dieser Ruf wird meist in der dritten Lebensphase von außen kommen und kann nicht von ihnen selbst forciert werden.

Eine der wichtigsten Fragen, die du dir stellen solltest, ist, wofür du in dieser Welt ein Vorbild sein und was du verkörpern willst. Mit deinen großen Visionen trägst du das Potenzial in dir, andere anzuführen und der Menschheit zu zeigen, wie man seine individuelle Wahrheit lebt. Vielleicht spürst du deine Vorbildfunktion schon; einerseits zweifelst du an dir, andererseits möchtest du ins Rampenlicht. Hab ein wenig Geduld, die sechste Linie braucht Zeit, um ihr volles Potenzial auszuschöpfen.

Profil 6/3 – Der abenteuerlustige Innovator

Wie beim Profil 3/6 finden wir hier eine doppelte 3er-Energie in den ersten 30 Jahren des Lebens vor, nur mit dem Unterschied, dass dem abenteuerlustigen Innovator seine Weisheit bewusst ist. Das Chaos dieser Zeit fühlt sich für ihn dadurch noch unberechenbarer an und kann so unangenehm sein, dass er sich ständig wie ein Suchender fühlt und eine gewisse Rastlosigkeit entwickelt. Dabei geht es in dieser Phase gar nicht darum, etwas Bestimmtes zu finden, sondern um die Suche und das Abenteuer an sich. Die Höhen und Tiefen in diesem Prozess sind die Basis, auf der 6/3er die Weisheit später verkörpern können und nach draußen tragen. All das Chaos und all die Abenteuer, egal, wie unangenehm sie manchmal sein mögen, gehören für sie dazu und werden sie durch die dritte Linie auch in der Dachphase begleiten.

Wenn sie ihren Frieden mit dem Chaos geschlossen haben, sind 6/3er sehr neugierige und experimentierfreudige Freigeister, die gern neue Abenteuer erleben, auch wenn sie sich das nicht immer eingestehen würden.

Für dich als 6/3 ist es wichtig, stets mit Strategie und Autorität zu checken, in welche Erfahrungen du dich als Nächstes hineinstürzen möchtest. Sonst läufst du Gefahr, wie ein wilder Adrenalinjunkie von einer Erfahrung in die nächste zu schlittern.

In der zweiten Lebensphase kann es eine Herausforderung für dich sein, dir genügend Zeit für die Reflexion und die Innenschau zu nehmen. Die sechste Linie möchte sich auch niederlassen und einen Seelenpartner finden, was dem 6/3er-Profil dann auch ein wenig mehr Stabilität geben kann.

WAS DU ÜBER DICH LERNEN KANNST

WILLKOMMEN IM WELLNESS-BEREICH!

Ich hoffe zwar, dass sich das von selbst versteht, aber ich möchte es an dieser Stelle nicht versäumen, zu betonen, dass du bei gesundheitlichen Problemen jeglicher Art unbedingt den Heilpraktiker oder Arzt deines Vertrauens konsultieren solltest. Versteh dieses Kapitel gern als den Wellnessteil des Buches. Wenn du im Spa zur Massage gehst, erwartest du hoffentlich auch nicht, dass dein Bandscheibenvorfall dort behandelt wird. Das ist hier also dein ganz persönliches Human-Design-Spa – herzlich willkommen! Mach es dir gemütlich, nimm dir ein Zitronenwasser in die Hand und lass uns loslegen.

Im Human Design gibt es die unterschiedlichsten Unterdisziplinen, die jede für sich eine komplett neue Welt eröffnen. Eine davon ist das Primary-Health-System, was mit »primärem Gesundheitssystem« übersetzt werden kann, auch wenn ich die Übersetzung ins Deutsche (wie sehr oft bei englischen Originalbegriffen) nicht besonders treffend finde. Damit du es beim Lesen einfacher hast, werde ich im Folgenden die Abkürzung PHS verwenden und dir einen Einblick in die Thematik geben. Und die Betonung liegt hier wirklich auf *Einblick*. Das System ist so komplex und so tief, dass allein das Skript des Programms, in dem ich es lehre, bereits 440 Seiten hat.

Das PHS beschreibt, sehr vereinfacht ausgedrückt, einerseits die Funktionsweise unseres Gehirns und andererseits die Funktionsweise unseres Körpers. Zentral sind hier die zwei Pfeile, die du links neben dem Kopf im Bodygraphen siehst. Der obere Pfeil verrät dir etwas über die Funktionsweise deines Gehirns, der untere über die Funktionsweise deines Körpers. Nicht jeder Chartrechner gibt diese mit aus, aber wenn du meinen verwendest, wirst du sie direkt sehen.

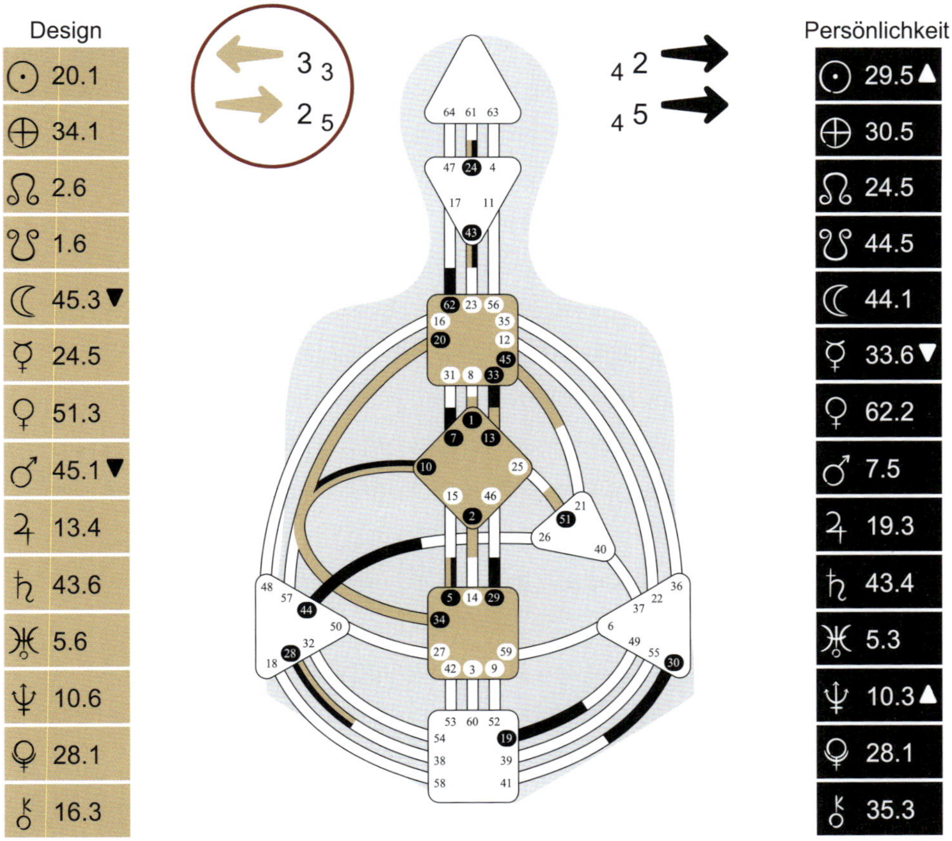

Diese beiden Pfeile sind zentral für das PHS. Der obere steht für das Gehirn und der untere für den Körper.

Oberer Pfeil – dein Gehirn

Aktives Gehirn

Zeigt dein oberer Pfeil nach links, hast du ein aktives Gehirn. Wenn das bei dir der Fall ist, ist dein Gehirn höchstwahrscheinlich der größte Kalorienfresser in deinem Körper, kein anderes Organ verbrennt so viel Energie. Vielleicht kennst du die Situation, dass du für zwei bis drei Stunden sehr fokussiert am Schreibtisch gesessen hast (und deinen Körper eigentlich gar nicht richtig bewegt hast), aber trotzdem einen riesengroßen Hunger bekommst. Das liegt an deinem aktiven Gehirn! Ich habe selbst eins und ich war selten so hungrig wie mit Anfang 20, als ich während meines Studiums tagelang in der Bibliothek saß und Hausarbeiten schreiben musste. Das widerspricht natürlich erst mal dem, was wir kennen: dass wir im Sitzen kaum oder nur sehr wenig Energie verbrennen. Dies trifft im Human Design definitiv nicht auf alle zu und auch hier dürfen wir uns von den jahrelangen Konditionierungen der Gesellschaft verabschieden.

Du solltest also gut darauf achten, immer genug zu essen, damit dein Gehirn reibungslos funktioniert. Sobald es nicht mehr genügend Energie in Form von Nahrung zur Verfügung hat, werden dein Fokus und deine Konzentration leiden. Vielleicht machst du dann mehr Fehler beim Schreiben oder weißt plötzlich nicht mehr, was du eben noch gelesen hast. Es ist essenziell, nicht zu hungern oder gar in ein richtiges Hungerloch zu geraten. Beim kleinsten Anzeichen von Hunger solltest du direkt etwas essen und nicht warten, bis du etwas beendet hast. Für Menschen mit diesem Pfeil sind Fastenmethoden nicht geeignet, weder Wasser-, Saft- noch intermittierendes Fasten. Mit der richtigen Ernährung kannst du die Genialität, die sich in deinem Gehirn abspielt, vollumfänglich entfalten.

Falls du keinen Hunger haben solltest, musst du dich natürlich nicht zum Essen zwingen – höre auch da unbedingt auf deinen Körper. Übrigens ist das leichter gesagt als getan: Durch die vielen Nahrungstheorien, die heutzutage propagiert werden, sind die meisten von uns inzwischen so verwirrt, dass sie den Kontakt zu sich selbst und ihrer Körperweisheit komplett verloren haben. Aber keine Sorge, du kannst ihn wiedererlangen, um deinem Körper und vor allem deinem Gehirn das zu geben, was sie brauchen. Ein erster Schritt kann sein, dass du dir folgende Frage beantwortest: Wie würde ich mich ernähren, wenn all das, was ich über Ernährung gelernt habe (auch das, was wissenschaftlich bewiesen ist!), sich heute als falsch entpuppen würde?

Würdest du dann immer noch abends eine Rohkostplatte essen und morgens fasten? Würdest du jeden Abend Brot essen oder lieber etwas Warmes? Würdest du dir das Eis verbieten, weil es voller Zucker ist?

Sei beim Beantworten dieser Fragen radikal ehrlich! Das soll übrigens keinesfalls ein Aufruf dazu sein, sich nur von Fertigpizza und dem goldenen M zu ernähren. Ich bin kein Freund von Extremen und glaube fest daran, dass unser Körper das auch nicht ist. Balance ist in jedem Lebensbereich, auch der Ernährung, der Schlüssel zum Wohlbefinden. Und Balance kann für jeden Einzelnen von uns sehr unterschiedlich aussehen.

Wellnessrituale für das aktive Gehirn:

* Regelmäßige Mahlzeiten
* Kein Hungern oder Fasten
* Ununterbrochene Fokuszeiten, bei denen du dich möglichst einer Sache widmen kannst

Passives Gehirn

Zeigt der Pfeil in deinem Chart oben links nach rechts, hast du ein passives Gehirn. Bevor wir zur genauen Beschreibung kommen, möchte ich zunächst darauf verweisen, dass passiv weder schlechter noch weniger intelligent, langsamer oder Ähnliches bedeutet. Wir leben in einer Welt, in der Aktivität so viel mehr Wertschätzung erfährt als Passivität, dass wir bei dem Begriff »passiv« oft direkt eine negative Assoziation im Kopf haben. Was wir oft vergessen, ist, dass es sich um zwei Seiten einer Medaille handelt. Sowohl Aktivität als auch Passivität sind exzessiv gelebt nicht gesund. Übermäßige Aktivität ohne Pausen führt irgendwann zum Burnout. Übermäßige Passivität kann in einer Lethargie und sogar Depressionen enden. Abgesehen davon, dass diese Begriffe im Human Design überhaupt nicht auf diese Aspekte bezogen sind, sondern ganz anders verstanden werden.

Im PHS brauchen sich passive und aktive Gehirne gegenseitig. Stell dir die aktiven Gehirne als die Fragensteller vor, während die passiven Gehirne der Pool an Informationen sind, aus dem sie schöpfen. Menschen mit einem passiven Gehirn nehmen quasi alles um sich herum wie ein Schwamm auf. Wenn sie einem Menschen zuhören, speichert ihr Gehirn nicht nur das Gesagte des Gegenübers ab, sondern auch alles, was sie umgibt: das Zimmer, in dem sie sich befinden, das Wetter und die Straße, die sie im Augenwinkel aus dem Fenster sehen, die Nachbarskinder, die draußen spielen und lärmen, und die Katze, die in der Ecke sitzt und sich putzt. Wenn du ein passives Gehirn hast, lernst du Neues wahrscheinlich ganz nebenbei, ohne dir Notizen machen zu müssen.

Dein Gehirn ist kein großer Kalorienfresser und braucht entsprechend weniger Energiezufuhr und kleinere Mahlzeiten. Sich durch den Tag zu grasen und vielleicht nur Snacks zu essen, wenn einem danach ist, wird korrekt sein. Mit einem passiven Gehirn kannst du gut fasten und länger ohne Nahrung auskommen. Lass dich nicht verunsichern von der Theorie, dass es regelmäßige und wahrscheinlich auch große Mahlzeiten braucht. Falls dir noch nie nach diesen drei Mahlzeiten am Tag gewesen ist, weißt du jetzt, warum. Vielleicht hast du morgens nach dem Aufstehen noch gar keinen Hunger und dein Magen meldet sich erst ein paar Stunden später. Wie auch immer es ist, hör bitte immer auf deinen Körper. Iss, wenn du hungrig bist, und hör auf zu essen, wenn du satt bist.

Wellnessrituale für das passive Gehirn:

- Keine festen Mahlzeiten
- Sich nicht zum Essen zwingen
- Sich erlauben, unfokussiert zu sein und Dinge nebenbei zu lernen

Unterer Pfeil – dein Körper

Wir gehen im PHS-Wellnessbereich jetzt einen Raum weiter und beschäftigen uns mit deinem Körper. Dafür schauen wir uns den Pfeil links unten an und unterscheiden auch hier, ob dieser nach links oder nach rechts zeigt.

Aktiver Körper

Zeigt der Pfeil nach links, hast du einen aktiven Körper, der sich in der Regel gern bewegt. Wahrscheinlich kannst du ohne Probleme bereits morgens mit einer Sporteinheit beginnen, ganz egal, wie diese aussehen mag. Vielleicht äußert sich die körperliche Aktivität bei dir aber auch nicht im Sport, sondern zum Beispiel weil du gern das Haus umdekorierst oder Heimwerken als Hobby hast. Sobald wir »aktiver Körper« hören, haben die meisten einen Athleten vor ihrem inneren Auge. Auch hier gibt es aber kein »one size fits all«. Menschen mit aktivem Körper bewegen sich einfach gern, *wie* genau diese Bewegung aussieht, ist genauso unterschiedlich, wie es Menschen auf der Welt gibt.

Wenn du dich mit einem aktiven Körper in deiner Umgebung wohlfühlst, wird diese Umgebung dir Energie geben und du wirst automatisch aktiv werden. Ob es kochen, gärtnern oder joggen ist, bleibt ganz dir und deinen Vorlieben überlassen.

Falls dein aktiver Körper also keine Energie bekommt und du dich vor allem körperlich eher ausgelaugt fühlst, darfst du gerne deine Umgebung überprüfen.

Wellnessrituale für den aktiven Körper:

* Möglichkeiten schaffen, aktiv zu sein
* Die optimale Umgebung aufsuchen
* Bei langer Arbeit am Schreibtisch immer wieder aufstehen

Passiver Körper

Zeigt der untere linke Pfeil in deinem Chart nach rechts, bist du ein Mensch mit einem passiven Körper und ein geborener Couch-Potato – so wie ich. Wir beide haben jetzt eine gute Ausrede, uns nie wieder zu bewegen, oder? Haha, nein mal im Ernst: Dein Körper liebt es, entspannt zu sein, und wird sich am besten entspannen können, wenn er sich in einer Umgebung wohlfühlt.

Wahrscheinlich bleibst du morgens gern noch ein wenig liegen oder drückst mehrfach die Snooze-Taste des Weckers. Dein Körper braucht einfach ein Weilchen, um wach zu werden. Für dich wäre es optimal, wenn du deine Aufstehzeit selbst bestimmen könntest. Das kann eine große Herausforderung sein in einer Welt, in der man mit dem Wecker und nicht mit seinem natürlichen Rhythmus aufsteht. Achte daher zumindest darauf, ausreichend zu schlafen, und lass dich nicht zu Sport drängen, der dir nicht guttut.

In unserer Gesellschaft wird ein durchtrainierter Körper geradezu glorifiziert. Es ist wichtig, dass du lernst, in dich hineinzuhorchen, wie viel Bewegung dir guttut, und es damit nicht zu übertreiben. Entspannung ist wirklich das A und O. Wenn du mal körperlich gar nicht zur

Ruhe kommst, check deine Umgebung. Wenn du dich in deiner Umgebung wohlfühlst, wird sich das durch ein Gefühl der Entspannung bei dir deutlich machen. Vor allem, wenn du ein definiertes Wurzel- oder Sakralzentrum hast, wird es dich allerdings hin und wieder auch körperlich nach Bewegung verlangen. Am besten bist du dann am Mittag, Nachmittag oder vielleicht sogar in den Abendstunden aktiv. Auch tut es deinem Körper gut, wenn die Bewegung nicht zu intensiv ausfällt: Yoga, Pilates oder Spazierengehen können geeigneter sein, als beispielsweise Joggen oder Krafttraining bis zum Muskelversagen.

Wellnessrituale für den passiven Körper:

- Für Entspannung sorgen
- Ausreichend Schlaf
- Etwas beobachten (Menschen, Tiere, Dinge, deine Lieblingsserie)

HUMAN DESIGN IN DER LIEBE

Kompatibilität in Beziehungen

Bevor wir hier direkt zur Sache kommen, möchte ich auch in diesem Kapitel betonen, dass es das perfekte Match nicht gibt, auch nicht im Human Design. Obwohl wir hier die unterschiedlichsten Marker haben, anhand derer wir zwei Charts analysieren können, möchte ich hier ganz bewusst Abstand davon nehmen, anhand dessen ein Urteil darüber zu fällen, ob eine Beziehung funktionieren wird oder nicht. Das fühlt sich für mich viel zu limitierend und auch anmaßend an. Ganz zu schweigen davon, dass zur Liebe meiner Meinung nach so viel mehr gehört als eine Geburtsgrafik und sowohl dein Partner als auch du sich nicht darauf herunterbrechen lassen. Wir haben ja sogar schon im Fernsehen gesehen, wie Menschen anhand psychologischer Profile gematcht wurden und (Überraschung!) es dann doch nicht mit der Liebe geklappt hat.

Jetzt denkst du dir vielleicht: »Ja schön, aber wie kann ich das Human-Design-Wissen denn dann für meine Beziehung überhaupt nutzen?« Ganz einfach: einerseits, indem du ein Bewusstsein darüber gewinnst, mit wem du da dein Leben teilst. Denn allein wenn du verstehst, warum sich dein Partner oder deine Partnerin in manchen Situationen auf eine bestimmte Art und Weise verhält und wie du mit ihm oder ihr am besten kommunizieren kannst, lassen sich unfassbar viele Probleme aus der Welt räumen. Andererseits gewinnst du natürlich auch mehr Bewusstsein über dich selbst. Wenn du besser verstehst, wie deine

Energie in einer Beziehung funktioniert, kannst du dieses Wissen in die Beziehung einbringen. Wenn sich Kommunikation und Verständnis füreinander verbessern, wird sich die Qualität der Beziehung insgesamt verbessern, sofern diese gesund ist und auf Augenhöhe geführt wird.

Ein weiterer wichtiger Punkt beim Thema Partnerschaft ist die Frage, *wie* du in die Beziehung hineingegangen bist. Bist du deiner Strategie gefolgt? Hast du auf deine Autorität gehört? Oder hast du stattdessen mit dem Verstand entschieden? Wir werden uns in diesem Kapitel ein weiteres Mal die fünf Typen anschauen und ihr Verhalten in Beziehungen beleuchten. Natürlich kannst du dieses Wissen auch für dich nutzen, wenn du aktuell in keiner Partnerschaft bist. Je mehr Bewusstsein du bereits als Single über dich selbst hast, desto höher ist die Wahrscheinlichkeit, einen passenden Partner oder eine passende Partnerin zu finden und mit ihm oder ihr eine dauerhaft glückliche Beziehung zu führen.

Es kann manchmal auch hilfreich sein, sich seine vergangenen Beziehungen anzuschauen und zu reflektieren, warum es mit dieser Person vielleicht nicht geklappt hat.

Falls du gerade in einer Beziehung bist, ein kleiner Disclaimer vorweg: Du brauchst deinen Partner oder deine Partnerin nicht zwingend mit ins Boot zu holen. Wenn er oder sie kein Interesse an Human Design hat, wird es eure Beziehung nicht verbessern, wenn du ihm oder ihr dieses Interesse aufdrückst. Wenn ihr beide interessiert seid, werden sich die Erfolge wahrscheinlich schneller einstellen, es ist aber in beiden Fällen möglich, seine Beziehung mit diesem Wissen zu verbessern, und ich wünsche dir unabhängig von deinem Beziehungsstatus ganz viel Freude bei der Umsetzung!

Der Manifestor in Beziehungen

Wir beginnen wieder mit unserem Firestarter. Auch in Beziehungen ist es seine Aufgabe, die Initiative zu ergreifen. Das reicht von der Kaffee-Einladung zum Kennenlernen bis zur Auswanderung ins Ausland, die er für die ganze Familie anstößt. Wie auch immer er aussieht – den ersten Schritt zu machen, ist für diesen Typ energetisch richtig. Das kann insbesondere für weibliche Manifestoren, die gesellschaftlich darauf konditioniert werden, bloß nicht als Erstes aktiv zu werden, befremdlich erscheinen. Das Informieren, die Strategie des Manifestors, ist dabei immer wichtig. Wenn du ein Manifestor bist und dich gerade in einer Beziehung befindest, dann verspreche ich dir, dass sich dein Partner oder deine Partnerin sehr darüber freuen wird, wenn du anfängst, ihn über deine Vorhaben zu informieren. Dadurch kann extrem viel Widerstand und Reibung in der Beziehung vermieden werden. Gleichzeitig wirst du weniger Gründe haben, in dein Nicht-Selbst-Thema zu fallen und wütend zu werden, weil du dich kontrolliert fühlst. Durch das Informieren stellst du sicher, dass deine Autonomie gewahrt bleibt. Du willst nur mal kurz zum Supermarkt flitzen? Sag Bescheid. Oder länger als geplant mit deinen Freundinnen beim Italiener sitzen? Schick eine kurze Nachricht. Dein Partner oder deine Partnerin wird es dir danken und ihr könnt jeder Menge Konfliktpotenzial von Anfang an aus dem Weg gehen.

Denn befindet sich der Manifestor in einer festen Beziehung, wird ein Thema für ihn essenziell sein: seine Unabhängigkeit. Manifestoren mögen es überhaupt nicht, von anderen kontrolliert zu werden und gesagt zu bekommen, was sie wann machen sollen. Schließlich sind nicht umsonst *sie* diejenigen, die den Ball ins Rollen bringen. Wer mit einem Manifestor zusammen ist, sollte diesem Menschen viel Freiraum einräumen.

Vielleicht hast du auch manchmal das Gefühl, dass dein Manifestor-Partner abweisend ist oder du nicht wirklich zu ihm durchdringen kannst. Das liegt in der Natur seiner dichten Aura begründet, die sich vollkommen undurchsichtig anfühlen kann. Sie macht dem Manifestor den Weg frei für seine unzähligen Ideen und selektiert, wer die richtige Person für ihn ist und wer nicht.

Manifestoren sind in ihrem Handeln oft ruhig und schnell, können aber auch sehr zornig und aufbrausend werden, wenn ihnen etwas nicht in den Kram passt. Das kann für einen Partner sehr herausfordernd sein. Kommunikation ist hier das A und O. Hat der Manifestor vergessen, zu informieren? Wurde er nicht informiert? Ist er länger weggeblieben, ohne Bescheid zu geben, und du hast fast einen Herzinfarkt bekommen, weil du dir die schlimmsten Dinge ausgemalt hast? All das ist ein typisches Manifestor-Verhalten und in den meisten Fällen meint es dieser Typ tatsächlich nicht böse, wenn er vergisst, dir Bescheid zu geben. Oft vergessen sie einfach, zu informieren, weil sie es nie gelernt haben und sich diese Strategie für sie nicht natürlich anfühlt. Sie schwanken bereits seit Kindheitstagen zwischen Rebellion und Angepasstheit. Viele haben von klein auf gelernt, sich zu verstellen und zum People Pleaser zu werden, um hineinzupassen. Wenn dein Manifestor-Partner eher in die angepasste Kategorie fällt, ermutige ihn, seine volle Größe zu leben und sich nicht kleinzumachen. Manifestoren umgibt etwas Königliches und sie lieben es, als Könige behandelt zu werden. Auch kann es hilfreich sein, den Manifestor zu informieren, also seine

Strategie zu übernehmen, wenn du ihm dabei helfen möchtest, diese zu verinnerlichen.

Da Manifestoren in Zyklen von hohen Energieschüben und Pausenzeiten leben, brauchen sie oft Unterstützung, wenn es darum geht, innezuhalten. Sie können enorme Arbeitstiere sein und noch mitten in den Wehen eine Konferenz abhalten wollen. Hier ist ein Partner an ihrer Seite gefragt, der sie daran erinnert, dass sie sich ausruhen dürfen und nicht mit allen anderen mithalten müssen. Besonders Generator- oder MG-Partner, welche die Ausdauerenergie des Sakralzentrums zur Verfügung haben, sollten sich darin üben, von ihrem Manifestor-Partner nicht dasselbe Energiepensum einzufordern.

Der Generator in Beziehungen

Vielleicht erinnerst du dich: Der Generator führt einen Tanz mit dem Universum und reagiert auf alles in seiner Umgebung. Insbesondere am Anfang von Beziehungen ist es für den Generator daher energetisch richtig, wenn er reagieren darf. Eine neue Beziehung sollte sich ihm anbieten, sei es durch eine zufällige Begegnung oder ein Tinder-Profil, auf das er reagieren kann. Reagieren ist dabei nichts Passives und es bedeutet auch nicht, dass der Generator Däumchen drehend warten sollte, bis der Traumprinz oder die Traumprinzessin an der Tür klingelt. Vielmehr darf er sich von seinem Bauchgefühl leiten lassen und darauf vertrauen, dass es ihm die richtigen Signale schicken wird: ein Kribbeln oder Schmetterlinge im Bauch sind ein gutes Zeichen. Der Verstand darf dabei gern außen vor bleiben.

Ist der Generator in einer Beziehung, wird die Kommunikation mit ihm um ein Vielfaches besser, wenn sein Partner oder seine Partnerin ihm geschlossene Ja-Nein-Fragen stellt, auf die er reagieren kann. Wenn du einen Generator als Partner hast und manchmal das Gefühl, dass dieser sich nicht entscheiden kann - egal, ob es um das Abendessen oder den nächsten Urlaub geht -, dann stelle ihm eine geschlossene Frage. Nimm seine Reaktion aber auf keinen Fall persönlich und respektiere sie vor allem. Möchtest du Urlaub auf Mallorca machen, aber dein Generator-Partner nicht, werdet ihr beide keine Freude daran haben, wenn du ihn doch dazu zwingen solltest. Es kann nämlich gut sein, dass dein Generator-Partner den Kompromiss eingeht und sich von dir überreden lässt, weil Generatoren von klein auf gelernt haben, sehr viel für andere zu tun und ihre Bedürfnisse hintanzustellen. Aber möchtest du das wirklich? Ein frustrierter Generator (genau wie einer, der 111 Prozent in der Freude ist) hat eine sehr ansteckende Energie und früher oder später wirst du das merken. Bestärke deinen Generator-Partner also lieber darin, seinem Bauchgefühl zu folgen, anstatt Dinge mit dem Verstand zu entscheiden. Freude erlauben sich die meisten Generatoren viel zu selten, weil sie so stark konditioniert sind, ihre Bauchstimme zu überhören. Ist dein Generator-Partner aber erst einmal in seinem Element, wird er schwungvoll, lebendig, aktiv und hilfsbereit durch den Tag gehen. Er wird so viel Energie kreieren, dass ein wahrer Überschuss entsteht, der auf sein Umfeld überschwappen kann und von dem jeder, der ihm begegnet (ja, auch du als Partner!) profitiert. Ist das nicht cool?

Weil der Generator Angefangenes gern durchzieht, kann es gut sein, dass du das Gefühl bekommst, mithalten zu müssen, insbesondere wenn du Projektor, Manifestor oder Reflektor bist. Akzeptiere einfach, dass dein Partner mit anderen Energieressourcen ausgestattet ist, und vergleiche dich nicht damit. Jeder von euch hat seine ganz einzigartigen Potenziale und genau davon lebt eure Beziehung.

Generatoren hassen es außerdem wie die Pest, wenn man sie bei wichtigen Tätigkeiten unterbricht. Arbeit hat für sie einen hohen Stellenwert und sie lieben es, eine Sache ungestört und ununterbrochen voranzubringen. Wenn du das deinem Generator-Partner ermöglichen kannst, wirst du im Anschluss von seinem zufriedenen und erfüllten Sakralzentrum profitieren. Nicht unterbrochen zu werden, bezieht sich aber nicht nur auf die Arbeit. Generatoren wollen das Leben mit allen Sinnen erfahren. Ein Tag im Spa ohne die Kids oder ein schönes Abendessen mit Freunden – was auch immer dem Generator Genuss beschert, wird sich positiv auf seine Partnerschaft auswirken.

Der MG in Beziehungen

Der MG funktioniert in Beziehungen ähnlich wie der Generator, nur ein wenig schneller und unberechenbarer. Auch für diesen Typen ist es wichtig, mit dem richtigen Bauchgefühl in eine neue Beziehung zu gehen. Vielleicht stürzen sie sich sogar Hals über Kopf rein und merken erst im Anschluss, dass es doch nicht das Richtige für sie war. Der Verstand sollte dem Bauch dann auf keinen Fall die Show stehlen. Gehe keine Verpflichtungen ein, nur um es anderen recht zu machen!

Wenn sich MGs einmal auf jemanden eingelassen haben, kann das Abenteuer beginnen. Mit einem MG-Partner an deiner Seite wirst du alles im Leben erleben, nur keine Langeweile. Vielleicht kommt er dir manchmal wie ein Duracell-Hase vor und du fragst dich, wie man nur so viele Projekte auf einmal stemmen kann. Mein wichtigster Tipp: Probiere gar nicht erst, da mitzuhalten, sondern genieße die Show! Kein anderer Typ hat so viel Energie für so viele Projekte zur gleichen Zeit. Es ist halt die universelle Aufgabe des MGs, schnell zu sein und Schritte zu überspringen. Das ist nicht immer nur angenehm: Vielleicht vergisst dein MG-Partner, bei der Geburtstagsfeier die Ballons einzukaufen, weil er so auf den leckersten Kuchen fixiert war. Sei ihm nicht böse, denn es war mit Sicherheit keine Absicht.

Auch deinem MG-Partner helfen geschlossene Ja-Nein-Fragen und auch ihm solltest du es nicht verübeln, wenn er keine Begeisterung für deine Pläne verspürt.

Das größte Geschenk, dass du deinem MG-Partner machen kannst, ist, ihn in seinen vielseitigen Interessen zu bestärken und nicht mit den Augen zu rollen, wenn er das dritte Hobby in sieben Tagen fallen lässt. Oft müssen MGs Dinge ausprobieren, um herauszufinden, ob sie wirklich das Richtige für sie sind. Oft werden sie etwas nach diesem Testlauf fallen lassen, und das ist okay. MGs dazu zu zwingen, Dinge durchzuziehen, die ihnen keine Freude machen, wird am Ende eine Lose-lose-Situation für beide Parteien kreieren. Ein frustrierter und/oder wütender MG wird diese negative Energie mit seinem definierten Sakralzentrum ganz unbewusst in seiner Umgebung verteilen, und das ist wie beim Generator nicht besonders angenehm für die anderen.

MGs sind zudem sehr ungeduldig. Wenn du als sein Partner also eher langsam und gemächlich durchs Leben gehst, kann das einiges an Konfliktpotenzial bedeuten, wenn ihr nicht lernt, eure unterschiedlichen

Geschwindigkeiten zu navigieren. Dasselbe gilt für das Thema Pausen. Gerade als Manifestor, Projektor oder Reflektor wirst du vielleicht wenig Verständnis für das Beschäftigtsein des MGs haben. Vielleicht hast du sogar ein schlechtes Gewissen oder kommst dir unproduktiv vor. All diese Gefühle solltest du am besten so schnell wie möglich weiterziehen lassen und dir in deiner ganz eigenen Energie und deinem eigenen Tempo die für dich nötigen Pausen gönnen. Als Partner kannst du auch sehr von der Energie des MGs profitieren, denn wenn dieser in seiner vollen Kraft ist, ist er sehr lebendig, charismatisch und mitreißend. Dies kann auch dir einen Energiekick geben und du entdeckst neue Dinge, die du ohne deinen MG-Partner niemals kennengelernt hättest.

Wenn du selbst MG und in einer Beziehung bist, empfehle ich dir, dich in Geduld mit deinem Partner zu üben und ihn über deine Vorhaben auf dem Laufenden zu halten, bevor du in deiner Staubwolke verschwindest. Verlange von ihm auch nicht, dass er so schnell ist wie du, sondern erkenne ihn und seine Einzigartigkeit an. Und auch wenn ihr beide MGs seid, könnt ihr unterschiedlich schnell sein. Das kann zum einen an unterschiedlichen Autoritäten liegen, zum anderen an einem ganz besonderen Kanal: Niemand ist nämlich so schnell wie ein MG mit aktiviertem 20-34-Kanal, einer Verbindung zwischen Sakralzentrum und Kehle, die auch als MG-Kanal bezeichnet wird.

Der Projektor in Beziehungen

Kennst du das Buch *Die 5 Sprachen der Liebe* von Gary Chapman? Dieses Buch könnte genau für Projektoren geschrieben worden sein. Auch wenn ich das Buch grundsätzlich allen fünf Typen empfehlen würde, lege ich es den Projektoren beziehungsweise deren Partnern ganz besonders ans Herz. Für Projektoren ist nämlich nichts so schön wie das Gefühl, anerkannt zu werden. Wenn du herausfindest, wie dein Projektor sich am meisten anerkannt und geliebt fühlt, wirst du mit einem Partner oder einer Partnerin belohnt, die dich in der Tiefe sieht und versteht. Vielleicht ist es durch Lob oder durch zärtliche Berührungen, vielleicht durch Gesten. Seine Sprache der Liebe zu kennen, ist wahrscheinlich der größte Gamechanger für die Beziehung zu einem Projektor. Wenn sie zum Beispiel Hilfsbereitschaft ist, wird er sich nicht geliebt fühlen, wenn du ihn mit Umarmungen und Küssen überhäufst, sondern wenn du den Müll rausbringst oder den Wocheneinkauf für ihn erledigst. Was auch immer es ist, es wird dem Projektor ein Gefühl des Erfolgs vermitteln. Da Projektoren aufgrund ihrer Aura sehr stark auf das Gegenüber fokussiert sind, fehlt es ihnen oft, dass jemand die Aufmerksamkeit mal auf sie richtet. Eines der schönsten Geschenke, das du deinem Projektor-Partner außerdem machen kannst, ist, ihn oder sie um Rat zu fragen. Nichts lieben Projektoren so sehr, wie nach ihrer Meinung und Perspektive gefragt zu werden. Wenn andere ihre Weisheit erkennen und sie die Möglichkeit bekommen, Energien zu leiten und zu koordinieren – und sei es nur innerhalb einer Diskussion –, blühen sie richtig auf.

Im Gegensatz zu geschlossenen Fragen, die Generatoren und MGs lieben, lieben Projektoren offene Fragen. »Was ist deine Meinung dazu?

Was hättest du an ihrer Stelle getan? Warum ist die Banane krumm?« All das gibt Projektoren die Möglichkeit, ihre Genialität zu zeigen und sich gesehen zu fühlen. Das Gegenüber bekommt im Gegenzug einen interessierten, empathischen und einfühlsamen Partner.

Die Kehrseite dessen ist, dass Projektoren auch gerne Ratschläge verteilen, wenn sie nicht darum gefragt wurden. Es bereitet ihnen fast schon körperliche Schmerzen, wenn sie sehen, wie andere Menschen (ihrer Meinung nach ganz offensichtlich) in ihr Verderben rennen. Deshalb können sie manchmal nicht anders, als es dem anderen auch ungefragt mitzuteilen. Diese Ratschläge werden nur selten auf fruchtbaren Boden fallen. Wenn du also selbst Projektor bist und das hier liest: Tue dir selber den Gefallen, nicht damit herauszuplatzen, egal, wie schwer das ist. So gern du andere Menschen anleiten und effiziente Lösungen für sie finden möchtest, so wenig wird das von anderen angenommen, wenn du vorher nicht dazu eingeladen wurdest. Auf Einladungen und Anerkennung solltest du auch achten, wenn du als Projektor neue Beziehungen eingehst. Such nach den kleinen Gesten, die dir das Gefühl geben, geliebt und willkommen zu sein.

Erteile Ratschläge nur, wenn du dazu eingeladen wirst!

Lass dich auch nicht aus der Ruhe bringen, solltest du einen Generator oder MG als Partner oder Partnerin haben, dem die Ausdauerenergie des Sakralzentrums zur Verfügung steht, die du als Projektor nicht besitzt. Für dich ist es wichtiger, Pausen zu machen. Wir leben in einer Welt von Generatoren und MGs (zusammen etwa 70 Prozent aller Menschen) und du darfst dich immer wieder auf deine Projektor-Weisheit besinnen, deren Wert nicht in Arbeitsstunden bemessen werden kann.

Der Reflektor in Beziehungen

Wenn du in einer Beziehung mit einem Reflektor bist, gehörst du genau wie der Reflektor selbst zu einer Seltenheit. Dieser Typ ist in jeglicher Hinsicht sehr besonders. Seine Strategie und Autorität ist vom Mondzyklus abhängig und es ist für Reflektoren essenziell, dass sie 28 Tage warten, bis sie wichtige Entscheidungen treffen. Im Bestfall haben sie dabei einen Partner an ihrer Seite, der sie nicht unter Druck setzt, sondern sie in diesem für unsere Gesellschaft sehr langsamen Tempo unterstützt. Falls dein Reflektor-Partner mal wieder vor einer wichtigen Entscheidung steht, kannst du den Raum für ihn halten und ihm zuhören.

Reflektoren sind sehr empathisch und spiegeln die Energien ihrer Umgebung wider, insbesondere natürlich die der Menschen, mit denen sie die meiste Zeit verbringen. Deshalb darf dieser Typ auch sehr wählerisch sein, mit wem er eine tiefe Verbindung eingeht. Bereits zu Beginn einer Beziehung wäre es für dich als Reflektor deshalb energetisch richtig, einen Mondzyklus abzuwarten, bevor du dich auf jemanden einlässt. Natürlich kann das eine große Herausforderung für dein Gegenüber sein, aber die richtigen Menschen werden dich verstehen und dir die nötige Zeit geben.

In Beziehungen können Reflektoren wunderbar den Raum für ihren Partner halten und ihm wirklich zuhören und ihn in seiner Tiefe sehen. Dasselbe wünschen sie sich allerdings auch für sich. Wenn man immer der Spiegel seiner Umgebung ist und die anderen Menschen vor allem sich selbst in einem sehen, freut man sich über kaum etwas so sehr, wie wenn jemand einen auch in der Tiefe sieht und sich die Zeit nimmt, zuzuhören und den Raum zu halten. Das ist insbesondere in den Phasen wichtig, wenn der Reflektor eine größere Entscheidung zu treffen hat.

Grundsätzlich sollten Reflektoren sehr wählerisch damit sein, mit wem sie eine Beziehung eingehen, weil sie die Energie des Partners verstärken und zu einem Teil auch übernehmen werden. Auch sollten Reflektoren niemals ihre eigene Energie mit der Energie anderer Typen vergleichen. Ihr Energielevel schwankt nämlich nicht nur von Tag zu Tag, sondern auch innerhalb eines Tages, sodass die erste Tageshälfte mal von einer melancholischen Energie geprägt sein kann, während sie in der zweiten Tageshälfte Bäume ausreißen könnten. Der Partner eines Reflektors sollte ein Bewusstsein über diese energetischen Schwankungen haben. Im Optimalfall legst du dir einen Mondkalender zu und beobachtest, wie sich die Energie des Reflektors im Laufe eines Mondzyklus› verhält. Wenn dein Partner an Human Design interessiert ist, könnt ihr das mit dem Mondkalender auch gemeinsam machen und die Energie des anderen nach und nach kennenlernen. Oft interessieren sich Reflektoren sehr für Themen wie Human Design, Astrologie oder Psychologie, weil sie eben stärker von den Energien um sich herum beeinflusst werden als andere und das bereits intuitiv spüren.

Ein Mondkalender als hilfreiches Tool für beide Partner

Aufgrund seiner energetischen Schwankungen kann das Leben mit einem Reflektor eine große Überraschungstüte sein. Vielleicht möchte er heute ein neues Business gründen und morgen nach Kanada auswandern. Was auch immer es ist, es wird sich definitiv schwer in eine Box stecken lassen. Reflektoren sind absolute Freigeister, und Menschen, die ihnen diesen Freiraum für sich, ihre Ideen und ihre Energie geben, sind optimale Partner oder Partnerinnen für sie. Wenn er oder sie dann noch geduldig ist, gut zuhören kann, ohne zu beeinflussen, und bereit ist, Überraschungen zu erleben, entsteht ein »perfect Match«.

Die größte Herausforderung für einen Reflektor in einer Beziehung ist es, die Energien des Partners zu reflektieren und dabei »unbeteiligt« und über den Dingen stehend zu bleiben, damit er sich nicht im anderen verliert. Es ist wichtig, dass du dich immer noch als eigenständiges Wesen wahrnimmst und es nicht zu Enttäuschungen kommt.

Alleine schlafen: Der Turbo für deine Dekonditionierung

Dieses Thema ist für die meisten Menschen sehr umstritten, aber ich möchte es hier trotzdem nicht außen vor lassen, weil es einen großen Unterschied in der Beziehung machen kann. Denk daran, dass du auch diesen Teil des Buffets ausprobieren kannst, aber natürlich nicht musst.

Im Human Design wird die große Empfehlung ausgesprochen, seine Nächte getrennt vom Partner zu verbringen. Vielleicht erinnerst du dich noch an den Anfang des Buches, als wir über Konditionierungen gesprochen haben und welche Faktoren uns dabei helfen, diese loszulassen. Das Schlafen in deiner eigenen Aura ist der Turbo für diesen Dekonditionierungsprozess, weil du in dieser Zeit frei von Einflüssen anderer Menschen bist. Das bedeutet, mindestens einen Abstand von drei Metern zwischen sich und dem anderen zu haben, damit sich die energetischen Feldern nicht überschneiden. Je nachdem, wie lange du schläfst, verbringst du dann sechs, acht oder gar zehn Stunden allein in deiner Aura, was den Rest des Tages mit großer Wahrscheinlichkeit nicht unbedingt der Fall ist.

Und ja, das Schlafen in der eigenen Aura gilt auch für deine Kinder, allerdings möchte ich hier als Mama ein großes ABER einfügen. Ich bin MG und hatte stets ein sehr gutes Bauchgefühl dabei, unsere Tochter, als sie noch sehr klein war, im Familienbett schlafen zu lassen. Ich würde es auch jederzeit wieder genauso machen. Die meisten Babys brauchen einfach die körperliche Nähe ihrer Eltern.

Nicht nur die Auren beeinflussen sich im Schlaf, auch die Zentren. Im Schlaf sind wir viel anfälliger für die Energien um uns herum, weil dann der Wächter zu unserem Unterbewusstsein, der tagsüber sehr aktiv ist, eben auch schlafen geht. Das kann man auch wissenschaftlich anhand der Gehirnwellen messen, die wir im Schlaf produzieren und die sich stark von denen unterscheiden, die wir im Wachzustand haben. Vor allem beim Sakral- und Emotionszentrum ist das problematisch.

Hat einer von euch ein definiertes Sakralzentrum – ist also ein Generator oder MG – und der andere ein undefiniertes beziehungsweise offenes Sakralzentrum – ist also ein Projektor, Manifestor oder Reflektor –, könnt ihr wahrscheinlich beide nicht richtig zur Ruhe kommen. Das Sakralzentrum lädt sich über Nacht auf, um dem Generator oder MG morgens wieder die nötige Energie zur Verfügung zu stellen. Schläft er nun neben dem undefinierten Sakralzentrum seines Projektor-, Manifestor- oder Reflektor-Partners, wird dieses die sakrale Energie »absaugen«, sodass sich das definierte Sakralzentrum über Nacht nicht richtig aufladen kann. Ähnlich einem Handy, das an der Steckdose hängt

Wie ein nicht aufgeladener Handy-Akku

und gleichzeitig viele energiefressende Programme bedienen muss. Der Partner oder die Partnerin mit dem undefinierten Sakralzentrum kommt dabei auch nicht zur Ruhe, da die sakrale Energie, die er oder sie über den Tag aufgenommen hat und abends eigentlich loslassen sollte, nicht freigelassen werden kann. Die Folge: Beide wachen morgens auf und fühlen sich wie gerädert: der Generator beziehungsweise MG, weil seine sakrale Energie nicht ordnungsgemäß aufgeladen wurde, und der Projektor, Reflektor oder Manifestor, weil sein System über Nacht keine Pause von der sakralen Energie bekommen hat. Eine Lose-lose-Situation für beide Partner entsteht.

Ein weiteres Zentrum, das den nächtlichen Schlaf massiv stören kann, wenn definiert und undefiniert aufeinandertreffen, ist das Emotionszentrum. In diesem Zentrum werden unsere Emotionen erzeugt, verarbeitet und wieder losgelassen. Hier leidet vor allem der Partner mit dem undefinierten Zentrum. Stell dir vor, der Partner mit dem definierten Emotionszentrum hat in der Nacht einen schlechten Traum (was so gut wie jede Nacht vorkommt, nur dass wir uns nie daran erinnern) und in seinem Emotionszentrum werden all die Emotionen aus diesem Traum verarbeitet. Liegt neben ihm ein Partner mit einem undefinierten Emotionszentrum, wird er die volle Dröhnung dieser Energien ungefiltert abbekommen und all diese negativen Emotionen ebenfalls durchleben, ohne sich dessen überhaupt bewusst zu sein. Das führt natürlich dazu, dass die Schlafqualität enorm leidet. Vielleicht schafft er es dann nicht, in den wichtigen Tiefschlaf zu kommen, und verbleibt dadurch immer nur in einem Leichtschlaf. Im Leichtschlaf kann sich aber weder unser Körper noch unser Geist richtig erholen. Wir Menschen brauchen

Alpträume und fehlender Tiefschlaf

unbedingt die Regenerationsphase des Tiefschlafs. Wenn ihr als Paar diese Gegensätzlichkeit in der Definition des Emotionszentrum habt, probiert doch auch mal eine Nacht in der eigenen Aura aus und schaut dann insbesondere auf die Schlafqualität des Partners mit einem undefinierten Emotionszentrum.

Übrigens ist es auch ohne Human-Design-System inzwischen für so gut wie jeden Laien ersichtlich, dass alleine zu schlafen seine Vorteile hat. Wie viele Menschen wachen nachts auf, weil der Partner oder die Partnerin schnarcht, sich unruhig hin- und herwälzt oder andere Aufstehzeiten hat? Es gibt Schlaftracker wie den Oura-Ring, an denen du nicht nur die Dauer, sondern auch die Qualität deines Schlafes ablesen kannst. Jeder, der solch einen Tracker besitzt, sollte die Schlafqualität in Nächten mit und ohne Partner einmal vergleichen: Du wirst staunen, was dabei rauskommt!

Und wenn wir uns überlegen, wie essenziell Schlaf für unsere Gesundheit ist, kannst du vielleicht auch erkennen, wie wichtig dieses Thema ist. Den schlechten Schlaf kannst du mit nichts ausgleichen, weder mit gesunder Ernährung noch mit Bewegung. Er wird sich langfristig negativ auf dein ganzes System auswirken. Schläfst du dagegen gut, kannst du dir auch in den Bereichen Ernährung und Bewegung Ausrutscher erlauben, ohne dass es sich direkt bemerkbar macht.

Ich habe in meinen Coachings oft erlebt, dass Menschen intuitiv wissen, dass sie lieber alleine schlafen würden, weil sie sich dann besser erholt fühlen. Viele trauen sich jedoch nicht, ihren Wunsch zu äußern, »weil der Partner etwas dagegen hat« oder »man es eben so macht« – also das Zusammenschlafen. Falls du in dir drin bereits fühlst, dass das Schlafen in deiner eigenen Aura deine Schlaf- und damit Lebensqualität verbessern könnte, dich aber noch nicht traust - egal, aus welchen Gründen -, empfehle ich dir, so klein wie möglich anzufangen. Vielleicht probierst du es erst mal aus, wenn dein Partner mal eine Nacht nicht da ist, und reflektierst die Veränderung. Vielleicht kann das Alleinschlafen ein Ritual werden, das ihr einmal die Woche macht und euch von da aus hocharbeitet. Vielleicht bist du aber auch sehr experimentierfreudig und gehst direkt »all in«! Wie auch immer du dich entscheidest, hab Spaß an diesem Experiment und behalte auch immer im Hinterkopf, dass das keine Entscheidung für immer sein muss und ihr jederzeit wieder zu eurem vorherigen Status quo zurückkönnt.

HUMAN DESIGN IM BERUF

Potenziale erkennen und entfalten

Das Thema Beruf, Berufung und Business ist eines meiner absoluten Lieblingsthemen im Human Design, weil wir hier Finetuning vom Feinsten betreiben können. Wenn du lernst, deine Energie auch am Arbeitsplatz auf die richtige Art und Weise zu nutzen, stehen dir auch im Business und Beruf alle Türen offen. Und Achtung: Das heißt nicht, dass du übermorgen Millionär wirst! Es heißt vielmehr, dass du als Generator oder MG mehr Erfüllung und Zufriedenheit, als Projektor mehr Erfolg, als Manifestor mehr Frieden und als Reflektor mehr Überraschungen erleben wirst. Denn das ist am Ende das, worum es den einzelnen Typen geht.

Bedeuten mehr Erfüllung, Erfolg, Frieden und Überraschung auch mehr Geld? Ja und nein! Dafür musst du zunächst einmal selbst definieren, wie du die einzelnen Begriffe verstehst. Leider messen wir die Erfolge einer Person im beruflichen Kontext oft an dem Geld, welches sie »verdient« oder generiert, und genau davon möchte ich an dieser Stelle Abstand nehmen. Auch das ist nämlich nichts anderes als Homogenisierung und Konditionierung. Mit diesem Buch darfst du dich vielmehr auf die innere Reise zu dir selbst machen und herausfinden, was dich im beruflichen Kontext von Herzen glücklich macht. Vielleicht liebst du es, anderen Menschen zu helfen, oder du möchtest einfach nur allein in deiner Höhle ungestört deinen Fokus halten. Vielleicht bedeutet dir die Wertschätzung am Arbeitsplatz mehr als jede Gehaltserhöhung.

Vielleicht misst du deinen Erfolg auch daran, wie viel Qualitätszeit du mit deiner Familie hast, weil dies das eigentliche Ziel deiner Arbeit ist. Was auch immer es ist, das Wissen um Human Design wird dir hier weiterhelfen, ganz unabhängig davon, welche Ziele du verfolgst oder wie deine berufliche Situation aktuell aussehen mag.

Der Manifestor am Arbeitsplatz

Manifestoren sind aufgrund ihrer dichten Aura die geborenen Führungspersönlichkeiten. Sie lieben es, selbstständig und autonom arbeiten zu können, ohne dass man ihnen sagt, was sie zu tun haben. Ohne von anderen kontrolliert oder gebremst zu werden. Ihr größtes Talent besteht darin, Veränderungen zu initiieren und eine Transformation in die Wege zu leiten. Wichtig ist nur, dass sie nicht die komplette Umsetzung dieser Transformation übernehmen, sondern sich Menschen ins Boot holen, die ihnen dabei helfen. Das kann sich durchaus schwierig gestalten, weil Manifestoren in ihren Powerphasen sehr schnell, aber auch sehr ungeduldig sind und dann überhaupt nicht daran denken, dass sie Aufgaben delegieren könnten. Hier hilft es, kurz innezuhalten und sich zu fragen, ob du wirklich die einzige Person bist, die anstehende Aufgaben erledigen kann, oder es vielleicht noch andere Menschen gibt, die dir liebend gern helfen würden.

Als große Visionäre haben Manifestoren immer viele Ideen, was auf manche Menschen sehr anziehend wirkt, auf andere eher abschreckend. Dieses Potenzial können sie sich zunutze machen, indem sie sich davon verabschieden, allen und jedem gefallen zu wollen. Die richtigen Menschen werden zu dir finden, lieber Manifestor! Das Einzige, was du dafür tun musst, ist, über deine Visionen zu informieren. Und ja, wir wissen inzwischen alle, dass dir das nicht leichtfällt. Aber wenn du es schaffst, deine neuen Ideen zu kommunizieren, ohne deine Ecken und Kanten abzuschleifen, wirst du Menschen, die deine Visionen unterstützen wollen, magnetisch anziehen.

Natürlich bleibt auch dieser Lebensbereich nicht von der Manifestor-Wut verschont. Schnell kann es passieren, dass du vergessen hast, Menschen, die von deiner Idee betroffen sind, zu informieren. Das kann dir dann natürlich auf die Füße fallen und die Reibungen, die dadurch entstehen, treiben dir die Zornesröte ins Gesicht. Grundsätzlich ist Wut aber auch ein toller Indikator dafür, was du als Manifestor am Arbeitsplatz nicht mehr bereit bist, hinzunehmen, und wo du dir Veränderung wünschst. Wut ist eine sehr kraftvolle Emotion, aus der oft die besten Ideen geboren werden.

Informiere die Menschen über deine großen Visionen

Da ein Manifestoren-Leben aus einem Wechsel zwischen Power- und Ruhephasen besteht, wäre es für diesen Typen optimal, möglichst selbstbestimmt und frei arbeiten zu können. Das kann eine Selbstständigkeit oder das Unternehmertum sein, muss es aber nicht. Auch als Angestellte und in Teams können sich Manifestoren sehr wohlfühlen, wenn sie genügend Freiraum für ihre Kreativität bekommen.

Wenn sie selbstständig sind, empfiehlt sich definitiv eine Mischung aus passiven und aktiven Einkommensquellen, damit sie in den Phasen, in denen die Energie off ist, nicht auf dem Trockenen sitzen. Falls ihr Einkommen – egal ob in einer Selbstständigkeit oder einem Angestelltenverhältnis – nur von ihrer Arbeitszeit abhängig ist, besteht die

Gefahr, dass sie ununterbrochen arbeiten und sich kaum Ruhepausen gönnen, die sie aber so dringend brauchen, um wieder neue Visionen zu gebären.

Der Generator am Arbeitsplatz

Dieses Powerpaket möchte Dinge aus der sakralen Reaktion heraus erschaffen und dabei Schritt für Schritt zur Meisterschaft gelangen. Das gilt selbstverständlich auch am Arbeitsplatz. Generatoren können sehr kreativ, ausdauernd und absolut on fire sein, aber nur, wenn sie vorher auf ihr Bauchgefühl gehört haben.

Dass das Bauchgefühl nicht unbedingt etwas ist, worauf wir am Arbeitsplatz achten, liegt in unserer Verstandesgesellschaft begründet. Oder hast du schon mal jemanden sagen hören: »Ich beende dieses Projekt, weil ich ein schlechtes Bauchgefühl habe!«, oder: »Ich hab ein gutes Bauchgefühl bei diesem Job«? Es wird auf jeden Fall eher selten vorkommen, dass solch irrationale Empfindungen am Arbeitsplatz Anwendung finden, es sei denn, du kannst vollkommen selbstbestimmt und frei arbeiten.

Weil Generatoren solch eine Ausdauer mitbringen, ist es für sie wichtig, genau hinzufühlen, bevor sie Verpflichtungen eingehen. Haben sie sich nämlich einmal committet, werden sie die Sache im Regelfall auch durchziehen. Selbst wenn das bedeutet, dass sie am Ende unglücklich und ausgelaugt sind. Andere Menschen merken außerdem, dass der Generator ein Powerpaket ist, und wollen seine Energie unbewusst für sich nutzen. Es ist deshalb extrem wichtig, zu lernen, Nein zu sagen, wenn das Bauchgefühl nicht stimmt.

Check also unbedingt ein, lieber Generator, ob du noch aus der Freude heraus arbeitest oder nur noch aus Pflicht- und Schuldbewusstsein. Natürlich kann ich verstehen, wenn du deine Familie versorgt wissen möchtest und denkst, dass du es dir nicht leisten könntest, einen verhassten Job zu kündigen. Doch langfristig tust du auch deinen Liebsten keinen Gefallen, wenn du jeden Tag mit Bauchschmerzen zur Arbeit gehst und nur noch frustriert bist. Vielleicht gibt es eine andere Möglichkeit, deine Brötchen zu verdienen, die dir mehr Freude bereitet? Vielleicht hast du ein Hobby, das dir ganz viel Spaß macht und das du nebenberuflich monetarisieren könntest? Wie auch immer es sich verhält: Arbeit ist ein ganz wichtiger Bestandteil eines Generator-Lebens und es ist superwichtig, etwas zu finden, das Freude bereitet und für Zufriedenheit und Erfüllung sorgt. Ein Leben als Arbeitsbiene ist nicht deine universelle Aufgabe. Du sollst die Welt vielmehr mit deiner magnetischen Aura zum Leuchten bringen. Das Schöne an Generatoren, die in ihrer Freude sind, ist, dass alle um sie herum von dieser Energie profitieren können. Andere Menschen umgeben sich gern mit diesem Energietyp. In Teams haben sie das große Potenzial, die Energie der anderen anzuheben, wenn sie selbst für eine Sache brennen, was sich auf das gesamte Unternehmen positiv auswirken wird.

Arbeite aus der Freude heraus!

Es ist also alles andere als selbstsüchtig, deiner Freude als Generator zu folgen. Wenn du verschiedene Projekt- oder Joboptionen auf dem Tisch liegen hast, solltest du dich immer für diejenige entscheiden, die das größte positive Bauchkribbeln auslöst.

Generatoren ziehen durch ihre offene und anziehende Aura Gelegenheiten an wie die Motten das Licht. Wichtig ist nur, nicht zu initiieren, sondern auf Zeichen im Außen zu warten, auf die der Bauch reagieren kann. Das gilt auch für selbstständige Generatoren. Ja-Nein-Fragen können auch hier sehr hilfreich sein.

Hat der Generator einmal Feuer gefangen, darf er sich Zeit geben, das Sakral warmlaufen zu lassen. Wenn das Momentum erst mal da ist, ist dieser Typ unaufhaltbar. Multitasking mag er allerdings gar nicht, sondern er liebt es, am Arbeitsplatz über längere Zeit ungestört an einer Sache arbeiten zu können.

Der MG am Arbeitsplatz

Mit dem MG am Arbeitsplatz ist es ähnlich wie mit dem MG in einer Beziehung – es wird nicht langweilig. MGs jonglieren meist mehrere Projekte gleichzeitig, bauen sich neben ihrer Haupttätigkeit vielleicht nebenberuflich noch etwas auf oder bekleiden ein Ehrenamt. Auch für sie ist es essenziell, auf ihr Bauchgefühl zu hören und aus der sakralen Reaktion heraus Dinge zu erschaffen, anstatt jeder nächstbesten Idee nachzujagen, auch wenn diese erst mal lukrativ erscheint. Dabei überspringen sie gern Schritte und finden Abkürzungen. Wenn dein MG-Kollege also mal wieder vergessen hat, einen Antrag für irgendetwas einzureichen, oder eine Frist versäumt hat, liegt es daran, dass dieser Mensch mit seinen Gedanken bereits beim nächsten Projekt ist.

MGs sind auch die Menschen, die in Meetings an ihrem Handy herumfummeln und noch nebenbei E-Mails beantworten oder neue Ideen aufschreiben. Nichts nervt sie so sehr wie Langeweile und Routine, auch auf der Arbeit. 20 Jahre am Stück jeden Tag die gleichen Abläufe auszuführen, ist der Sargnagel für die Kreativität eines MGs. Wenn du als MG merkst, dass dich dein aktueller Job langweilt und unterfordert, solltest du immer etwas verändern: Vielleicht gibt es innerhalb des bestehenden Systems Möglichkeiten, dich weiterzuentwickeln, oder du solltest den Job vollständig wechseln.

Weil der MG einen leichten Manifestor-Einschlag hat, liebt er es auch sehr, selbstständig und frei arbeiten zu können. Er fühlt sich von anderen Menschen oft ausgebremst, weil er sehr schnell in der Umsetzung ist. Außerdem probiert er die Dinge gerne erst einmal aus, um dann zu entscheiden, ob es das Richtige für ihn ist. Dieses Vorgehen ist nicht unbedingt überall gern gesehen, weil die meisten Unternehmen Verlässlichkeit einfordern. Auch wenn der MG diese durchaus liefern kann, fällt es ihm vergleichsweise schwer. Denn was vor zwei Monaten ein »Hell, yes!« war, kann heute bereits ein »Hell, no!« sein. Meine Empfehlung wäre daher, keine zu langen Commitments einzugehen (egal ob angestellt oder selbstständig).

Die eigene Begeisterung für die Arbeit ist nämlich das A und O. Hat der MG einmal Feuer gefangen, kann er andere Menschen mitreißen und motivieren. Genauso ansteckend ist allerdings auch seine negative Energie, wenn er sich dazu zwingt, Dinge zu tun, aus denen er längst herausgewachsen ist. Erlaube dir also, deine bunte Vielfalt auszuleben, auch wenn du noch nicht weißt, wohin sie dich führen wird. Alle Skills, die der MG im Laufe seines Lebens kultivieren wird, ergeben einen riesengroßen bunten Blumenstrauß, der bei jedem Einzelnen ganz anders aussehen wird. Oft wissen wir im Vorfeld nicht, an welchen magischen Ort uns unsere Begeisterung führen wird. Wenn du das Gefühl von »Es ergibt zwar keinen Sinn, dass ich das jetzt mache, aber ich habe da richtig Bock drauf!« hast, bist du auf dem richtigen Weg.

Deine Begeisterung weist dir den Weg!

Bei großen Entscheidungen helfen auch dir geschlossene Ja-Nein-Fragen, um dein Sakralzentrum zu aktivieren. Eine große Herausforderung kann sein, dem Bauchgefühl zu vertrauen, auch wenn es keinen Sinn ergibt. Vielleicht fühlt sich dein Bauch zu einer Tätigkeit hingezogen, die schlechter bezahlt ist als deine jetzige, und dein Verstand rebelliert. Das ist ganz normal, du solltest aber dennoch ehrlich mit dir sein und fühlen, wo die wahre Freude liegt. Denn eins steht fest: Du kannst dein Bauchgefühl zwar übergehen, du wirst es aber niemals abstellen können. Es wird sich immer wieder melden und dir signalisieren, in welche Richtung du eigentlich gehen solltest. Je eher du anfängst, auch bei deiner Karriere darauf zu hören, desto besser. Die Arbeit ist für dich solch ein wichtiger und großer Teil deines Lebens. Es lohnt sich, darin mehr Erfüllung und Zufriedenheit zu finden.

Eine weitere Challenge von MGs ist die Ungeduld. Besonders wenn sie sehr fremdbestimmt sind und viele Prozesse und Schritte erst mal abgesegnet werden müssen, bevor sie in die Umsetzung gehen können, wird sich dieses Gefühl melden und sie daran erinnern, dass sie nicht in ihrer Lichtgeschwindigkeit unterwegs sein können. Natürlich kann ein MG auch in einem Kontext mit viel Fremdbestimmung seine Erfüllung finden, solange er hier den einen oder anderen Freiraum gepaart mit Abwechslung bekommt.

Wenn du ein MG und selbstständig bist, besteht hier die Herausforderung darin, alles allein machen zu wollen, weil man einfach viele verschiedene Talente hat und sehr schnell arbeiten kann. Schau in diesem Fall, welche Tätigkeiten dir so gar keine Freude machen, und delegiere diese an andere, damit du wieder mehr Energie für deine liebsten Projekte zur Verfügung hast.

Der Projektor am Arbeitsplatz

Stell dir vor, du schläfst morgens aus, startest in Ruhe in den Tag, fährst entspannt zu deinem Office, welches du natürlich nur für dich allein zur Verfügung hast. Dort steht neben einem wunderschönen Schreibtisch auch eine Couch, auf der du dich jederzeit ausruhen kannst. Während deiner Arbeitszeit verbringst du die Tage damit, an deinen Gaben zu feilen, Systeme zu studieren und deine Talente zu entwickeln. Falls deine Genialität gebraucht wird, klopft es an der Tür und es kommt jemand rein, der dich wertschätzend dazu einlädt, ein Problem zu lösen, einen Ratschlag zu erteilen und die bestehenden Arbeitsprozesse auf Effizienz zu untersuchen. Danach kehrst du wieder in dein Office zurück, das vielmehr einer Lounge als einem grauen Büro gleicht, und ruhst dich erst mal aus, um wieder Energie zu tanken. Wie wäre das? »Zu schön, um wahr zu sein«, denkst du jetzt bestimmt, oder?

Ruhe, Wertschätzung und Anerkennung der eigenen Gaben

So oder so ähnlich stelle ich mir nämlich die perfekten Arbeitsbedingungen für Projektoren vor. Ein eigener Raum, viel Wertschätzung durch andere und Zeit für sich selbst. Diese Faktoren lassen einen Projektor am Arbeitsplatz aufblühen und führen dazu, dass er in seiner »Zone of Genius« walten kann. Diese besteht daraus, die Energien anderer zu leiten und effiziente Lösungen zu finden. Dabei darf er seine innere Weisheit für sich und andere einsetzen. Diese innere Weisheit ist allerdings etwas, das der Projektor kultivieren muss, indem er sich Dingen widmet, die ihn interessieren, anstatt immer nur im Reiz-Reaktions-Modus zu sein. Viele Projektoren verhalten sich wie Generatoren und MGs, indem sie am Arbeitsplatz vor allem auf die Gegebenheiten reagieren, tagelang arbeiten und sich keine Pause gönnen. Dabei sind sie nicht auf die Welt gekommen, um den Ausdauerlauf der Generatoren und MGs mitzumachen, die problemlos acht bis zehn Stunden arbeiten können, wenn ihr Sakralzentrum on fire ist. Man sagt, dass Projektoren nicht mehr als drei bis vier Stunden am Tag arbeiten sollten, wobei meiner Meinung nach erst mal definiert werden müsste, was unter dem Begriff »Arbeit« verstanden wird. Für einen Projektor ist es in der Regel Arbeit, wenn er im Außen ist und sich auf jemand anderen fokussieren muss. Diese Art von Arbeit sollte tatsächlich begrenzt sein. Neues zu lernen, sich weiterzubilden und generell in seiner eigenen Aura zu sein, gehört allerdings nicht dazu, kann aber dennoch als Arbeit angesehen werden, weil der Projektor in dieser Zeit seine Fähigkeiten verbessert.

Projektoren fühlen sich auch sehr wohl in Führungsrollen, wenn sie Systeme effizienter gestalten oder Teams und Dinge koordinieren können. Sich selbst anzuerkennen und wertzuschätzen, ist dabei oft die größte Herausforderung.

Grundsätzlich solltest du als Projektor im Job darauf warten, eingeladen zu werden, vor allem eben dann, wenn es um das Teilen deiner Talente geht. In der Einladung muss Anerkennung und Wertschätzung mitschwingen, damit sich der Projektor in Job und Projekt gesehen fühlt und sein volles Potenzial entfalten kann. Andernfalls drohen Projektoren, verbittert zu werden, wenn sie immer das Gefühl haben, dass ihre Talente übersehen werden. Die fehlende Anerkennung sich selbst gegenüber kann auch dazu führen, dass Projektoren sich unter ihrem Wert verkaufen, was sie lieber vermeiden sollten, weil das auch ihr Nicht-Selbst-Thema triggert.

Zu lange Arbeitszeiten können wie bereits erwähnt die Energie von Projektoren crashen und sollten lieber vermieden werden. Wenn du die Möglichkeit für Power-Naps hast, solltest du diese unbedingt nutzen.

Eine schöne Option ist auch passives Einkommen, besonders für die Phasen, in denen man zu ausgelaugt ist, um zu arbeiten. Dies geht natürlich nur, wenn man selbstständig ist oder sein Geld so investiert, dass es für einen arbeitet, anstatt Zeit gegen Geld zu tauschen, so wie es in den meisten Angestelltenberufen der Fall ist. Je freier sich ein Projektor seine Arbeit gestalten kann, desto mehr Energie wird er zur Verfügung haben, weil er sich seine Auszeiten besser einteilen kann.

Der Reflektor am Arbeitsplatz

Als Freigeist und in der Erwartung von Überraschungen durchs Leben zu gehen, ist der größte Wunsch von Reflektoren, und das gilt auch für ihren Arbeitsplatz. Sich dabei wie ein wertvoller Teil einer Gemeinschaft zu fühlen und gleichzeitig viel Freiraum zu haben, wäre optimal. Weil Reflektoren sich gern erlauben würden, jeden Tag anders zu sein, können sie in unserer aktuellen Arbeitswelt auf Widerstand stoßen. Es wird erwartet, vor allem zu funktionieren, abzuliefern und verlässlich zu sein. All das ist mit der Reflektor-Energie, wenn man sie wirklich auslebt, nicht vereinbar. Das heißt natürlich nicht, dass Reflektoren sich nicht an Absprachen halten können – das können sie durchaus. Aber wenn sie ihrem Beruf entsprechend ihrer Energie nachgehen wollen, brauchen sie vor allem eins: maximale Freiheit und Flexibilität. Mich erinnern Reflektoren immer daran, dass wir alle zyklische Wesen sind. Bei Frauen ist das ganz offensichtlich. Aber auch alle anderen Lebewesen sind davon betroffen, wenn wir einfach mal in die Natur und auf die Jahreszeiten schauen. Im Sommer herrscht eine ganz andere Energie als im tiefsten Winter, wenn sich alles im Rückzug befindet. Diese zyklische Energie äußert sich bei Reflektoren zum Teil auf täglicher Basis. Je nachdem, wie der Mond und die anderen Planeten gerade stehen, kann es innerhalb eines Tages zu mehreren energetischen Shifts kommen. Sowohl in der Selbstständigkeit als auch als Angestellter solltest du diese Shifts berücksichtigen können.

Zyklisches Arbeiten ist für den Reflektor essentiell

Im Bestfall hast du auch dein eigenes Office, das nach den eigenen Bedürfnissen eingerichtet ist, denn als Reflektor spiegelst du deine Umgebung in einem hohen Maß wider. Und ja, dazu gehört auch so was Banales wie die Einrichtung und welche Pflanzen sich in deiner Umgebung befinden. Das Teilen eines Büros ist mit weit auseinanderstehenden Tischen auch möglich, wenn auch nicht optimal.

Als Reflektor wirst du an deiner eigenen gesundheitlichen Verfassung (physisch und mental) ablesen, ob du dich in der richtigen Umgebung befindest. Lass es auf keinen Fall so weit kommen, dass du gesundheitliche Beschwerden bekommst, sondern erlaube dir, dein Wohlbefinden zu priorisieren und den Arbeitsplatz notfalls zu wechseln.

Falls du berufsbedingt viele Fremdenergien um dich herum hast, solltest du zumindest deine Pausen damit verbringen, in die Natur zu gehen und wieder bei dir selbst anzukommen.

Spätestens zu Hause ist es dann jedoch unerlässlich, dich energetisch zu reinigen, ob durch ein Salzbad, Räuchern, Erden, Yoga oder welches Ritual du auch immer gern praktizierst. Reflektoren stehen oft unter einem großen Druck. Besonders bei wichtigen Entscheidungen können sie sich überfordert fühlen, weil die Welt einfach zu schnell für sie ist und es heutzutage ein Ding der Unmöglichkeit geworden ist, einen Mondzyklus abzuwarten. Das lässt sich wohl nur sehr wenigen Arbeitgebern erklären.

Wenn Reflektoren selbstständig tätig sind, sollten sie sich für die unliebsamen Dinge, auf die sie keine Lust haben, so früh wie möglich jemanden als Support holen. Auch nur mit Klienten zu arbeiten, die sich gut anfühlen, ist essenziell, um in ihrer »Zone of Genius« zu bleiben und sich kein eigenes Hamsterrad zu erschaffen. Die eigene exklusive Energie anzuerkennen und einen angemessenen Preis für sein Angebot zu verlangen, ist auch ein Thema, das du gern für dich reflektieren darfst. In Teams oder Gruppen zu arbeiten hat den Vorteil, dass du die Energien anderer kurzzeitig anzapfen kannst, um diese für dich zu nutzen.

Das Loslassen dieser Energien ist hier aber genauso wichtig. Da die Energie eines Reflektors schwankend ist, empfiehlt sich auch hier, eine Form von passivem Einkommen aufzubauen, damit das Einkommen nicht nur an die eigene Arbeitszeit geknüpft ist. Wenn du dann mehr positive Überraschungen als Enttäuschungen erlebst, hast du alles richtig gemacht!

ABSCHLUSSWORTE

Puh, jetzt hast du jede Menge gelesen und darfst das erst mal sacken lassen. Human Design ist ein hochkomplexes System und keiner von uns wird alles darüber an einem Tag lernen, geschweige denn in sein Leben integrieren. Die erste große Dekonditionierung dauert nicht umsonst sieben Jahre. Wenn ich dir nur noch eine letzte Sache mit auf den Weg geben darf, dann: Sei geduldig mit dir und deinem Prozess! Ich wette, auch die Fremdsprachen, die du sprichst, hast du nicht in einer Woche oder gar an einem Tag gelernt. Und genau das ist Human Design: Eine Symbolsprache, die dir den Zugang zu deiner Energie ermöglicht. Und das Erlernen dieser Sprache ist genauso individuell wie du selbst.

Es kann auch gut sein, dass du auf deiner Human-Design-Reise Rückschritte erleben wirst, hinfällst oder den Kontakt zu dir selbst gänzlich verlierst. Jeder von uns erlebt diese Phasen und du bist damit nicht allein. Hol dir auch jederzeit Hilfe, wenn du mal nicht weiterweißt. Eine Safari mit wilden Tieren würdest du wohl auch kaum auf eigene Faust machen, sondern vielleicht lieber in einen Guide investieren.

Auf dieser Reise wirst du aber genauso Glanzmomente erleben. Wenn du die erste Entscheidung bewusst mit deiner Autorität triffst und ein unbeschreiblich gutes Gefühl dabei hast. Oder wenn du erkennst, wie sich dein Verstand immer wieder versucht einzumischen, und du ihn für einen kurzen Moment stumm schalten kannst.

Das Einzige, was du für die Reise brauchst, ist eine Portion Neugierde und ein klein wenig Mut. Der Himmel wird nicht immer nur voller Geigen hängen, wenn du in dein Experiment hineingehst. Aber eine Sache ist gewiss: Egal, was unterwegs passiert, du wirst durch diese crazy Journey immer mehr bei dir selbst ankommen. Ich wünsche dir eine aufregende, erkenntnisreiche und spannende Reise zurück zu dir!

Alles Liebe

Deine Krishna

WEITERFÜHRENDE LINKS UND LITERATURTIPPS

Human Design

Lynda Bunnell und Ra Uru Hu:
Das ultimative Buch über das Human Design System. Wissenschaft der Differenzierung

Chetan Parkyn:
Human Design. Entdecke die Person, die du wirklich bist. Bielefeld, Lüwchow 2020

Astrologie

Julia Parker:
Parkers Astrologie. Alles über die Grundlagen, Tierkreiszeichen und Planeten. Das Standardwerk. München, Dorling Kindersley 2021

Carole Taylor:
Astrologie für den Alltag. Individuelle Sterndeutung für jeden Lebensbereich. München, Dorling Kindersley 2019

I Ging

Richard Wilhelm:
I Ging. Das Buch der Wandlungen. München, Anaconda Verlag 2011

Allgemein

Gary Chapman:
Die 5 Sprachen der Liebe. Wie Kommunikation in der Partnerschaft gelingt. Marburg, Francke-Buch 2019

Stefanie Stahl:
Das Kind in dir muss Heimat finden. Der Schlüssel zur Lösung (fast) aller Probleme. München, Kailash 2015

Kristina Keller, geboren 1985, beschäftigte sich schon in ihrer Kindheit gern mit psychologischen und philosophischen Fragen.

Nach Master-Studium und Staatsexamen arbeitete sie zunächst zehn Jahre als Gymnasiallehrerin, bevor sie 2021 den goldenen Beamtenkäfig freiwillig verließ, um ihrem Herzen zu folgen und andere Menschen für Human Design zu begeistern.

Seitdem hat sie tausende Klient*innen auf ihrer Human Design Journey begleitet und teilt ihr Wissen mit viel Leidenschaft in zahlreichen Programmen, auf Instagram und in ihrem Podcast „To The Moon".

Liebe*r Leser*in,
wir hoffen sehr, dass dir das Buch gefallen hat, und würden uns freuen, wenn du eine Rezension bei deinem liebsten Onlinehändler schreibst.
Hast du Fragen, Wünsche oder Anregungen?

Dann schreibe gerne an: yuna@penguinrandomhouse.de.

Viele Grüße
YUNA

In diesem Buch wurden die Bezeichnungen für die fünf Typen im Maskulinum belassen, um die Sprache aus den Originalquellen zu erhalten, sie schließen aber selbstverständlich alle Geschlechter mit ein.

Alle in diesem Buch veröffentlichten Aussagen und Ratschläge wurden von der Autorin und vom Verlag sorgfältig erwogen und geprüft. Eine Garantie kann jedoch nicht übernommen werden, ebenso ist die Haftung der Autorin bzw. des Verlags und seiner Beauftragten für Personen-, Sach- und Vermögensschäden ausgeschlossen.

2. Auflage
Originalausgabe

Covergestaltung: Jürgen Kiermeier, YUNA unter Verwendung eines Motivs von AdobeStock/miobuono
Bildnachweis: AdobeStock/ miobuono, © BodyGraphChart, Autorenfoto © Marina Schell
Layout/Satz: Jürgen Kiermeier, YUNA
Druck und Bindung: Alföldi Nyomda Zrt., Debrecen
Printed in Hungary

MIX
Papier | Fördert gute Waldnutzung
FSC® C010328

Penguin Random House Verlagsgruppe FSC® N001967
ISBN 978-3-517-30335-2